Eurus

Notus

吉川真司
Shinji Yoshikawa

飛鳥の都

シリーズ日本古代史③

Bor

Zephyrus

岩波新書
1273

はじめに――七世紀史をどうとらえるか

甘樫丘から

奈良県明日香村の甘樫丘《あまかしのおか》は標高一五〇メートルほどの小さな山丘である。麓の駐輪場から一〇分も登れば、視界は四方に大きく開け、七世紀史の舞台を一望することができる。霜の朝でも残暑の夕暮れでもよい、まずは甘樫丘に立って、〈飛鳥の都〉の故地を眺めてみることにしたい。

丘の上から東を望むと、すぐ足もとを飛鳥川が流れている。万葉人が移ろいやすい心に喩えたその流れは、竜門《りゅうもん》の山々に源を発して、石舞台古墳あたりからゆるやかに北流し、飛鳥の小盆地を潤している。まさしく飛鳥の「母なる川」である。やがて甘樫丘を巻くように流れたあと、北西に向きを変えて広大な藤原京の故地を下っていくが、そのさまも手に取るように見える。飛鳥から藤原へ――それは七世紀史の流れそのものであった。

飛鳥川の対岸に飛鳥集落がある。大和棟《やまとむね》の家並みの南部には、日本最初の本格的寺院である飛鳥寺《あすかでら》が今も法灯を伝えている。目をこらすと、飛鳥寺の手前に「入鹿《いるか》の首塚」と呼ばれる五輪塔が見えるだろう。古代にはこの場所に槻《つき》の大木がそびえていたらしく、『日本書紀』によれば中大兄皇子《なかのおおえのみこ》と中臣鎌足《なかとみのかまたり》の出会いの場でもあった。二人はやがて六四五年のクーデターで蘇《そ》我入鹿《がのいるか》を殺し、飛鳥寺に入って軍営とした。入鹿の父蝦夷《えみし》はこの甘樫丘の邸宅に拠り、中大兄一派と対峙したが、ほどなく滅亡する。丘から見える飛鳥の風景は、死を覚悟した蝦夷の目にどのように映ったのであろうか。

飛鳥寺から視線をずっと右に、つまり南に移していくと、美しい稲田のかなたに明日香村役場のある岡集落が望まれる。この岡集落からすぐ北方にかけてが七世紀の歴代王宮が営まれた場所、すなわち飛鳥宮《あすかのみや》跡である。やや右奥に橘寺《たちばなでら》の大きな屋根が見える。その背後の山は「ミハ山」と呼ばれ、飛鳥の神がいます聖なる山とされていた。また、飛鳥宮跡左奥の山中には岡寺《おかでら》が建つが、その寺号は「飛鳥岡《あすかのおか》」という古代地名に基づくものである。この飛鳥岡とミハ山の間を抜けて、飛鳥川は流れ下ってくる。

古代において「飛鳥」と呼ばれたエリアは、北は飛鳥集落あたりまで、西はおおむね飛鳥川まで、南はミハ山まで、東は飛鳥岡までと考えられる。それは甘樫丘からさっと見渡すことのできる南北約一キロ半、東西約五〇〇メートルの狭い地域であって、七世紀にはこの小さな盆地に王宮・官衙《かんが》・邸宅・寺院などが建ち並び、倭国《わこく》の首都としての機能を果たしていた。〈飛鳥の都〉はかくもコンパクトだったのである。

もちろん七世紀史の舞台は飛鳥・藤原だけではない。難波《なにわ》・大津《おおつ》・大宰府《だざいふ》などは政治的にきわめて重要であったし、各地の官衙や寺院も見落とすことはできない。人々の生活という観点からは、全国の耕地・集落・道路のすべてが歴史の舞台であった。甘樫丘からも実はそのような古代遺跡が見えているはずである。このことを忘れないようにしながら、本書では、飛鳥を主要舞台として展開した七世紀の歴史を追ってみたいと思う。

七世紀史のイメージ

ここまで何気なく「七世紀」「七世紀史」という言葉を使ってきたが、古代史に詳しい人でなければ、なかなか具体的なイメージを描きにくいかもしれない。

七世紀とは西暦六〇一年から七〇〇年までの一〇〇年間を指す。六〇一年は推古《すいこ》九年にあたり、聖徳太子が斑鳩宮《いかるがのみや》を建てた年である。七〇〇年は文武《もんむ》四年、その翌年が大宝《たいほう》元年で、以後ずっと年号による紀年が行なわれてきた。七世紀にも大化《たいか》・白雉《はくち》・朱鳥《しゅちょう》といった年号が使われた時期はあったが、まだ制度として安定していない。年号が王朝の独立性や政治システムの整備を示すものとすれば、七世紀はそこに至る最終段階なのであった。国名・王朝名も七世紀まで「倭」であったのが、大宝律令で「日本」に変わる。

つまり、ごく大雑把に言えば、〈聖徳太子の時代から大宝律令の直前まで〉が七世紀史の時間枠である。しかし、私たちにはもっと慣れ親しんだ用語がある。「飛鳥時代」がそれである。「奈良時代」「鎌倉時代」「江戸時代」などと同じく、政治の中心地によって時代を区分し、飛鳥に都があったから飛鳥時代と呼ぶわけだが、そのイメージはまことに鮮烈である。遣隋使・

遣唐使によってもたらされた新しい文明、大化改新・白村江《はくそんこう》の戦い・壬申《じんしん》の乱と続く激動の政治過程、そのなかで打ち立てられていく中央集権国家と絶対的王権。あるいは法隆寺の釈迦《しゃか》三《さん》尊《ぞん》像、高松塚《たかまつづか》古墳の壁画、柿本人麻呂や額田王《ぬかたのおおきみ》の万葉歌といった芸術作品。これらすべてが飛鳥時代に生起し、生み出されたのである。

本書ではそのことを承知しつつも、「七世紀史」という枠組みを用いたいと思う。というのも、飛鳥時代の開始を豊浦宮《とゆらのみや》における推古天皇の即位(五九二年)に置くのはよいとして、その終末を決めるのが難しいからである。政権所在地という点から言えば、七一〇年の平城遷都までとするのが穏当であろうが、それでは六九四年の藤原遷都以後も飛鳥時代と呼んでよいのか。先に見たように、飛鳥と藤原は別の地域なのである。また、教科書的には七世紀後半から八世紀初頭の文化を「白鳳《はくほう》文化」と呼んで「飛鳥文化」と区別するが、当時も都は飛鳥にある場合が多く、その意味では飛鳥時代に白鳳文化が栄えたことになる。このように飛鳥時代・飛鳥文化は鮮やかな像を結ぶが、時代区分としてはやや問題があると言わざるを得ない。むしろ簡明な「七世紀史」という枠組みを設定して、飛鳥時代・飛鳥文化・白鳳文化のイメージをすべてここに重ねていただければと考えるものである。

もっとも叙述にあたっては、推古即位を遡ること四年、すなわち西暦五八八年の飛鳥寺創建から筆を起こしたい。これによって飛鳥の地がにわかにクローズアップされるとともに、倭国の七世紀史への扉が開かれたと考えるためである。

過去を認識し再構成するためには、さまざまな資料・情報を集め、正しく活用することが必要である。倭国の七世紀史についても同じことが言えるが、近年になって史料(歴史資料)をめぐる状況が変化し、歴史像が少しずつ変わり始めた。

新しい七世紀史像

もともと七世紀史の史料はとても限られていた。中心となるのは養老《ようろう》四(七二〇)年に撰進された正史『日本書紀』で、これに『万葉集』『風土記《ふどき》』『藤氏家伝《とうしかでん》』などの文献、朝鮮・中国の歴史書、さらには数少ない金石文《きんせきぶん》による知見を加えて、七世紀の歴史が論じられてきたのである。こうした文献的研究を進めるためには、史料そのものの性格を見極める手続き(史料批判)が不可欠である。皇国史観において聖典とされた『日本書紀』も、戦後の史料批判によって潤色・曲筆が指摘されてきた。七世紀史については、一九五〇～六〇年代に「近江令《おうみりょう》否定論」「大化改新否定論」などの新学説が生み出され、従来と全く異なる歴史像が提示されるとともに、実証研究の水準が一挙に引き上げられたことを特筆しなければならない。その影響は現在に及んでおり、『日本書紀』の描くとおりに七世紀史が進行したと考える研究者は、むしろ少数派であろうと思われる。

一方、戦後日本が高度経済成長をとげるのに歩調を合わせ、考古学が大いに発達した。全国いたるところで開発に伴う発掘調査が行なわれ、飛鳥においても飛鳥宮跡とその周辺遺跡、飛鳥寺・川原寺《かわはらでら》などの寺院遺跡を中心として、調査研究が進められてきた。今も甘樫丘から発掘現場を遠望できることは珍しくない。飛鳥以外でも七世紀の遺跡調査は著しく進展しており、もはや考古学の研究成果を活用せずしてこの時代の政治・文化を論ずることは不可能になっている。また、考古学と文献史学を緊密に結びつけたのが木簡(文字を記した木札)であった。ここ二〇年ほどの間に、飛鳥宮跡・飛鳥池《あすかいけ》遺跡・石神《いしがみ》遺跡・藤原宮跡・難波宮跡などで七世紀木簡が大量に出土した。木簡は改竄《かいざん》や誤りのない一次史料であるから、『日本書紀』批判から形作られた学説を総点検する拠りどころとなったのである。誤解を恐れずに言えば、王宮や寺院の発掘、さらに木簡の解読により、『日本書紀』の信頼性は揺らぐどころか、かえって回復してきている。これまでの『日本書紀』批判と七世紀史の再構成は行き過ぎではなかったか――このことは本書でも再三述べることになるだろう。

新たに進んだ学問分野は考古学だけではない。とりわけ歴史地理学、建築史学、美術史学などはそれぞれに貴重な成果を挙げてきた。文献史料をあげつらうだけで七世紀史を論じることができた時代は、とうに過ぎ去った。さまざまな領域の研究成果を咀嚼《そしゃく》し、慎重かつ自由につなぎ合わせ、新しい時代像を組み立てることが求められているのである。

さて、そろそろ甘樫丘から下り、〈飛鳥の都〉をゆっくりと歩き始めることにしよう。田畠や水路のかたちも、その地下に眠る遺構・遺物も、すべては遠い過去の痕跡である。文字で書き記された七世紀史と、それらはいかにつながっているのであろうか。

＊本書では、七世紀以前の倭国王について「継体《けいたい》天皇」「天智《てんじ》天皇」といった呼称を便宜的に用いる。天皇号の成立時期がいまだ確定しておらず、八世紀半ばに作られた漢風諡《し》号《ごう》が定着していることから、統一的表現のほうが混乱が少ないと判断するためである。「厩戸王《うまやどのおう》」「葛城王《かずらきのおう》」でなく「聖徳太子」「中大兄皇子」と記すのも、同様の理由による。なお、人物の年齢はすべて数え年で示す。

目　次

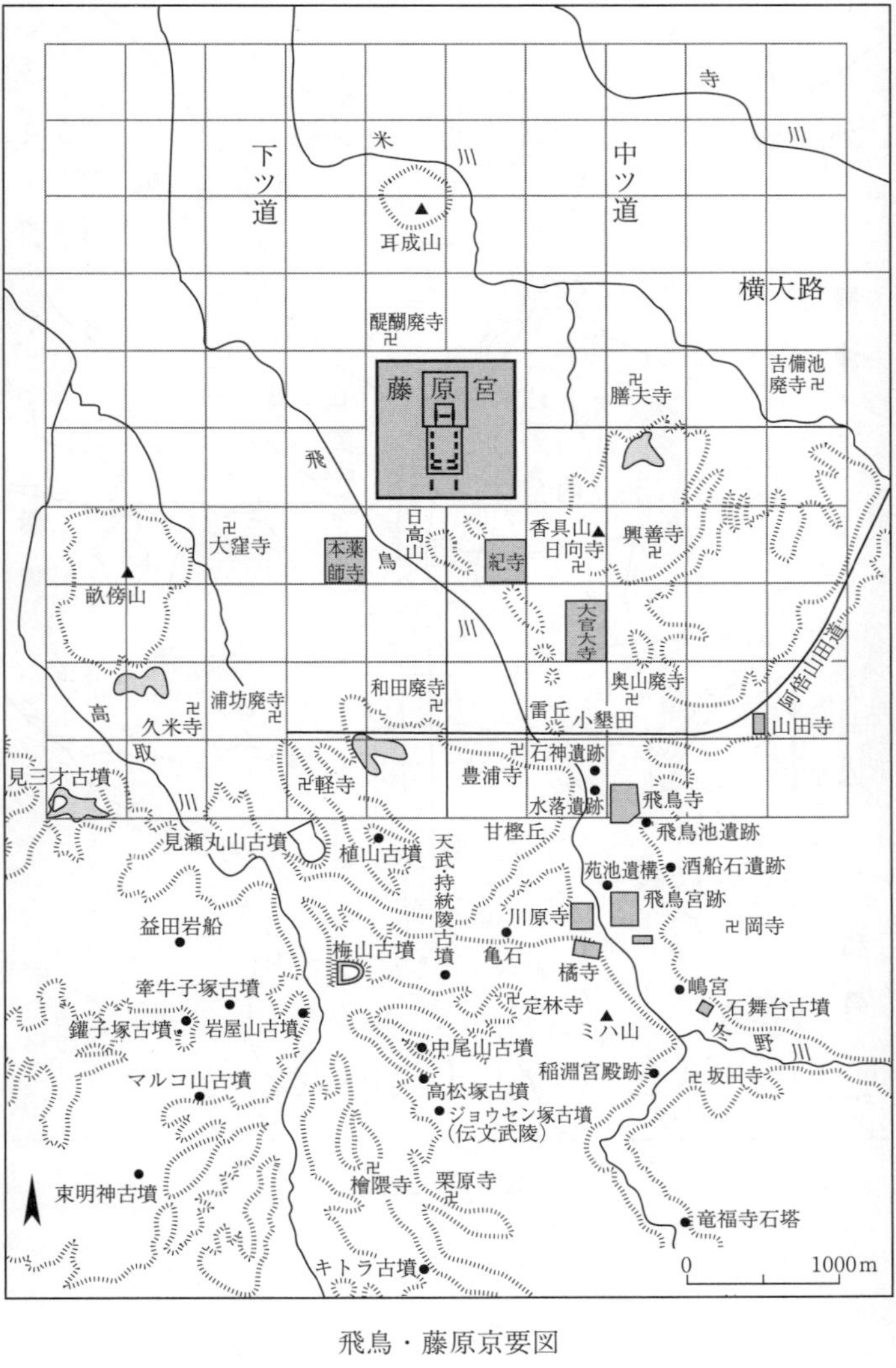

寺
川
下ツ道
米
川
中ツ道
耳成山
横大路
醍醐廃寺
吉備池廃寺
藤原宮
膳夫寺
飛
日高山
香具山
興善寺
大窪寺
本薬師寺
鳥
紀寺
日向寺
畝傍山
川
大官大寺
阿倍山田道
和田廃寺
奥山廃寺
高
浦坊廃寺
雷丘
小墾田
久米寺
山田寺
取
石神遺跡
見三才古墳
軽寺
豊浦寺
川
水落遺跡
飛鳥寺
見瀬丸山古墳
甘樫丘
飛鳥池遺跡
植山古墳
天武・持統陵古墳
酒船石遺跡
苑池遺構
飛鳥宮跡
益田岩船
川原寺
岡寺
梅山古墳
亀石
橘寺
牽牛子塚古墳
嶋宮
定林寺
石舞台古墳
鐘子塚古墳
岩屋山古墳
ミハ山
冬
野
川
中尾山古墳
マルコ山古墳
稲淵宮殿跡
坂田寺
高松塚古墳
ジョウセン塚古墳
(伝文武陵)
檜隈寺
栗原寺
束明神古墳
竜福寺石塔
0
1000m
キトラ古墳

飛鳥・藤原京要図

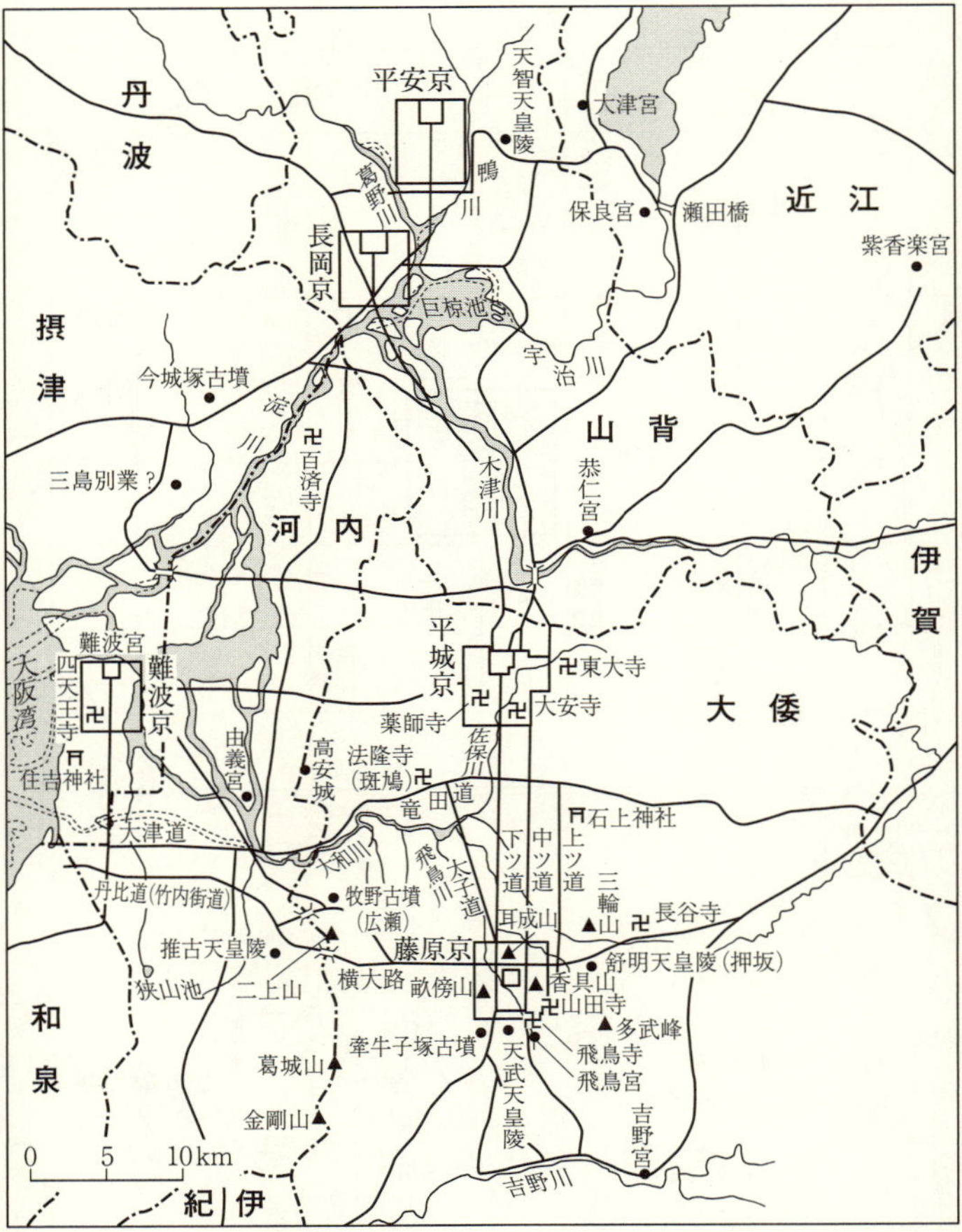
平安京
天智天皇陵
大津宮
丹
波
葛野川
鴨川
近
江
保良宮
瀬田橋
紫香楽宮
長岡京
巨椋池
摂
津
宇治川
今城塚古墳
淀川
山
背
百済寺
三島別業？
木津川
恭仁宮
河
内
伊
賀
平城京
難波宮
東大寺
四天王寺
難波京
大阪湾
大
倭
薬師寺
大安寺
由義宮
高安城
法隆寺
(斑鳩)
佐保川
住吉神社
竜田道
石上神社
大津道
大和川
飛鳥川
太子道
下ツ道
中ツ道
上ツ道
三輪山
長谷寺
丹比道(竹内街道)
牧野古墳
(広瀬)
耳成山
推古天皇陵
藤原京
舒明天皇陵(押坂)
狭山池
二上山
横大路
畝傍山
香具山
山田寺
和
泉
多武峰
牽牛子塚古墳
天武天皇陵
飛鳥寺
飛鳥宮
葛城山
金剛山
吉野宮
0
5
10 km
吉野川
紀
伊

畿内周辺要図

第一章　飛鳥の王法と仏法

1　飛鳥寺創建

最初の伽藍寺院

飛鳥真神原《まかみはら》の地において、倭国初の本格的な寺院が建設され始めたのは、崇峻《すしゅん》元(五八八)年のことであった。飛鳥には五世紀から渡来人が集住していたが、その一人飛鳥衣縫造祖樹葉《あすかのきぬぬいのみやつこのおやこのは》の家を撤去して、伽藍《がらん》が造営されることになった。

これには長い前史があった。『日本書紀』によれば欽明《きんめい》一三(五五二)年、百済《くだら》の聖明《せいめい》王から釈迦如来像と仏具・経論が贈られてきた。いわゆる仏教公伝である。大臣《おおおみ》蘇我稲目《そがのいなめ》がその安置と礼拝を許されたが、大連物部尾輿《おおむらじもののべのおこし》らの讒言《ざんげん》により破却されてしまった。稲目の子の蘇我馬子《うまこ》も仏教信仰を受け継いだが、敏達《びだつ》一四(五八五)年にふたたび弾圧を受ける。仏教の受容は、蘇我氏が進める文明化路線の一環であったから、それを良しとしない物部氏らとの対立を招いたのであり、用明《ようめい》天皇が死去した用明二(五八七)年、その後継者争いとも連動しながら、ついに両氏は武力衝突に及んだ。蘇我馬子は戦いに臨んで寺塔建立と仏法流布を誓ったといい、念願かなって物部守屋を滅ぼすと、彼は泊瀬部《はつせべ》皇子を擁立する(崇峻天皇)とともに、伽藍寺院飛鳥寺の創建に着手したのである。

おそらく馬子の要請を受けてであろう、百済王は仏舎利《ぶっしゃり》を倭国にもたらし、何人もの僧と寺工《てらたくみ》(寺師)・鑪盤博士《ろばんのはかせ》(鏤盤師)・瓦博士《かわらのはかせ》(瓦師)・画工《えかき》などの専門技術者を派遣して、飛鳥寺の造営を援けた。『元興寺縁起《がんごうじえんぎ》』の「塔露盤銘」によれば、東漢《やまとのあや》氏が建設にあたり、金工は忍海《おしぬみ》・朝妻《あさづま》・鞍部《くらつくり》・山西《かわち》の各氏が統率したという。すべて蘇我氏配下の渡来人である。

具体的な造営プロセスを『日本書紀』から追ってみよう。まず崇峻三(五九〇)年に用材の切り出しが始まり、同五年に仏堂と回廊が建てられた。この冬、崇峻天皇は馬子によって暗殺され、推古天皇が即位している。翌推古元(五九三)年には塔の心礎《しんそ》に仏舎利が安置され、心柱《しんばしら》が立てられた。飛鳥寺の中軸となる塔の建設が始まったのである。こうして工事が着々と進んでいくなか、推古天皇が三宝興隆詔《さんぼうこうりゅうしょう》を出したことが注目されるが、これについては後述する。そして推古四(五九六)年、堂塔のすべてが完工した。馬子の子善徳《ぜんとく》が寺司《てらのつかさ》となり、「三宝の棟梁」と呼ばれた高句麗《こうくり》僧慧慈《えじ》・百済僧慧聰《えそう》が止住することになった。しかし、本尊がまだできていない。そのため推古一三(六〇五)年に鞍作鳥《くらつくりのとり》が造仏工となり、銅製・絹製の丈六《じょうろく》仏像を作り始めた。このとき高句麗の大興王《だいこうおう》が黄金三百両を送り、造仏を支援したという。翌一四年、仏像は無事に完成し、金堂《こんどう》に安置された。即日、大規模な斎会《さいえ》が催されたが、この年から四月八日の仏生会《ぶっしょうえ》、七月一五日の盂蘭盆《うらぼん》会が恒例行事になったという。なお、『元興寺縁起』「丈六光銘」は己巳《きし》年(六〇九)に仏像が完成したと記しており、こちらのほうが信用できそうである。

このように飛鳥寺は二〇年の歳月をかけて建立された。実はこれは古代寺院の造営では異例のスピードと言ってよく、蘇我氏の熱意と権力をまざまざと示すものであった。

飛鳥寺発掘

一九五四年、吉野川の水をトンネルで導き、奈良盆地に灌漑用水を供給する計画が立てられた。用水路は飛鳥の中心部を貫通するため、重要遺跡について事前調査が実施され、これが飛鳥地域の発掘調査の先駆けとなった。飛鳥寺についても、奈良国立文化財研究所が三次にわたる発掘を行ない、目ざましい成果を挙げた。

検出された伽藍は、五重塔を中心として、北・東・西に三棟の金堂を置き、それら全体を回廊が囲んで、後方に講堂が建つというものであった(図1-1)。三金堂のうち、北側の中金堂は今の飛鳥寺本堂の位置にあり、鞍作鳥が作ったとされる飛鳥大仏は創建時から動いていないことがわかった。中金堂と塔は石敷きの参道で結ばれ、それぞれの規模は現存する法隆寺西《さい》院《いん》伽藍の金堂・塔より若干小さい。東金堂・西金堂は塔をはさんで向かい合い、全く同じ大きさと構造をもつが、中金堂・塔よりも格下の建物であった。さらに回廊は東西一一二メートル、南北九〇メートルを測り、法隆寺西院伽藍よりも一回り大きかった。このように飛鳥寺は、日本最初の伽藍とは思えないような壮麗な構築物であり、しかも一塔三金堂という全く類例のない伽藍配置をとる寺だったのである。

一塔三金堂の伽藍としては、高句麗の清岩里《せいがんり》廃寺《はいじ》がよく似た形態をもち、早くからその影響が論じられてきた。飛鳥寺創建には百済とともに高句麗が協力したから、そうしたことがあっても不思議ではない。しかし近年では、百済の寺院にその源流を求めようという意見がある。王都泗沘《しひ》（扶余《ふよ》）の北郊に建立された王興《おうこう》寺は、南から塔・金堂・講堂が一直線に並ぶ四天王寺《してんのうじ》式伽藍配置をとるが、塔の東西を走る回廊に付属建物が見つかり、これが飛鳥寺の東金堂・西金堂に変化したのではないかというのである。詳しい検討が必要であろうが、百済の寺工が創建に関わったことは確かであり、なかなか興味深い議論かと思われる。

飛鳥寺と王興寺の類似点はほかにもある。一九五七年の飛鳥寺発掘では、塔基壇の地下三メ

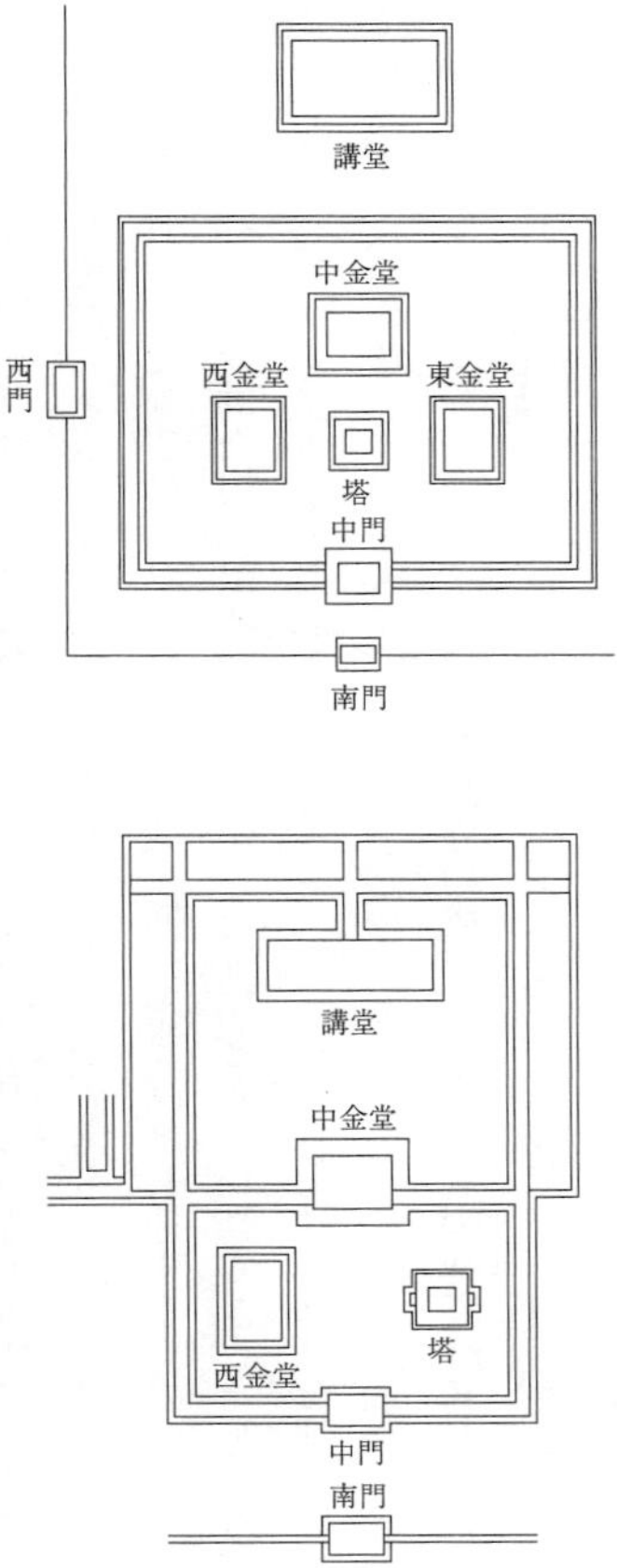

図 1-1　飛鳥寺（上）と川原寺（下）の伽藍配置図

ートルで心礎が発見された。巨大な花崗岩切石《かこうがんきりいし》の中央に方形の孔《あな》があり、そこに舎利容器が納められ、おびただしい玉類《ぎょく》や金銅製の装身具・鈴などが添えられた。心礎の縁辺部には武具や馬具が置かれていた。実はこれらは古墳時代後期の副葬品と共通するものばかりであって、古墳から寺院へ、伝統的な祖先祭祀が受け継がれた証拠と考えられてきた。ところが、二〇〇七年の王興寺発掘でも地下式の塔心礎が見つかり、丁酉《ていゆう》年（五七七）の銘文を刻んだ舎利容器とともに、膨大な金銀製装身具や玉類、貨幣などが出土した。これらは舎利を荘厳《しょうごん》する（飾る）ための品々と理解されている。とすれば、飛鳥寺の塔心礎出土品も舎利荘厳具と考えたほうがよく、その品目と埋納儀礼は百済に学んだものと見るのが妥当であろう。そう言えば、塔の頂部にすえられる相輪《そうりん》を製作したのも百済の鑪盤博士であった。真神原にそびえ立つ五重塔は、まさに上から下まで百済様式を受け継いでいたと言わねばなるまい。

飛鳥寺の役割

王興寺は百済王の勅願寺であった。百済王はまた、手中にあった仏舎利と僧侶・造寺技術者を遣わして飛鳥寺創建を援助した。とすると、飛鳥寺は単なる蘇我氏の氏《うじ》寺《でら》であったと言って良いのだろうか。推古天皇が本尊丈六仏の造顕を主導したとする『日本書紀』の記事などを重く見て、官寺もしくは王権の寺院という側面を強調すべきではないのか。

このような意見が古くよりあることは承知している。しかし私は、大化改新以前の飛鳥寺はやはり氏寺と見るのが妥当であると考える。ただ、蘇我馬子が大臣という枢要の地位にあったこと、また飛鳥寺が最初にして最大の伽藍寺院であり続けたことによって、この寺は倭国の仏教興隆センターという役割を担うことになったのである。

証拠を挙げよう。時代は降るが、大化元(六四五)年八月、蘇我本宗家を滅ぼして成立した改新政権は大寺《おおでら》(飛鳥寺)に僧尼を召し集め、これまで蘇我氏が仏教興隆を主導してきたが、今後は天皇がそれを引き継ぎ、寺院造営を援助すると宣言した。この時点で飛鳥寺は天皇家に接収され、仏教界の中枢という役割を保ったまま天皇の保護統制下に入ったのである。また天武《てんむ》九(六八〇)年四月、大化の造寺援助策が打ち切られ、天皇が経営する寺院を国大寺《くにのおおでら》(大官大寺《だいかんだいじ》・川原寺・薬師寺《やくし》)に限ったが、飛鳥寺は特に同じ扱いをすることとされた。勅願寺につぐ寺院、古くより功績のあった寺院という位置づけである。こうしたことから、大化改新までの飛鳥寺の性格・役割がよく窺われる。

推古天皇は即位の翌々年(五九四)、皇太子(聖徳太子)と大臣(蘇我馬子)に命じて仏法を興隆させたという。いわゆる「三宝興隆詔」であるが、これを王権が仏教宣布に乗り出したものと読むのは過剰解釈である。飛鳥寺が建設されていくなか、蘇我氏の仏教信仰を公式に承認し、それを支援する意志を示したというのが実相であろう。

三宝興隆詔をうけて、朝廷の豪族たちは「君親の恩」のため競って寺院を建立したという。

三〇年後の推古三二(六二四)年には寺は四六カ所、僧は八一六人、尼は五六九人にまで増えた。四六寺のほとんどは豪族の氏寺であり、彼らの本拠地(のちの畿内)に建てられたが、その願いは「君親の恩」に報いること、つまり過去の国王・祖先の菩提《ぼだい》を弔い、現在の国王・父母の安穏を祈ることであった。こうした意識は他の史料にも見られる。いわゆる飛鳥寺院は祖先祭祀だけでなく、王権を中心とする政治秩序とも関わっていたのである。蘇我氏と飛鳥寺は、そのような〈飛鳥の仏法〉の中枢に位置していた。

花組と星組

飛鳥寺は日本最初の瓦葺き建築であった。丸瓦と平瓦を組み合わせて屋根を覆い、軒先には蓮華紋《れんげもん》で飾った軒瓦が葺かれたのだが、瓦の製作技法や紋様の変化・伝播を調べていくと、造営体制ばかりでなく、寺と寺の関係までが明らかになる。

創建時の飛鳥寺では素弁《そべん》蓮華紋の軒丸瓦が用いられた。百済の瓦に酷似しているのは、もちろん瓦博士が百済人だったからである。ここで蓮弁の先端を見ると、切り込みを入れて桜花状にするタイプ(Ⅰ)、角張ったまま点珠を置くタイプ(Ⅱ)、の二種類があることがわかる(図1-2)。しかも、ⅠとⅡでは瓦全体の製作技法が異なっていて、別々のグループが作ったと考えられる。現代の瓦研究者は、Ⅰを製作した集団を「花組」、Ⅱのほうの集団を「星組」と呼び、「花組」の瓦は飛鳥寺近傍の瓦窯《かわらがま》で焼かれ、中金堂など伽藍中枢部で用いられたこと、「星組」の瓦は恐らく葛城《かずらき》地方で製作され、中門や回廊に葺かれたことを明らかにした。瓦博士たちはどうやら二手に分かれて作業したらしい。

飛鳥寺の造営が終わりに近づいたころ、「花組」「星組」は別の仕事場に移った。「星組」はまず飛鳥寺に近い豊浦寺《とゆらでら》金堂の瓦を作り、ついで斑鳩寺《いかるがでら》金堂の瓦を生産し、さらに難波の四天王寺の瓦を焼いた。考古学的手法によれば、すべて七世紀第1四半期の創建と見てよく、この

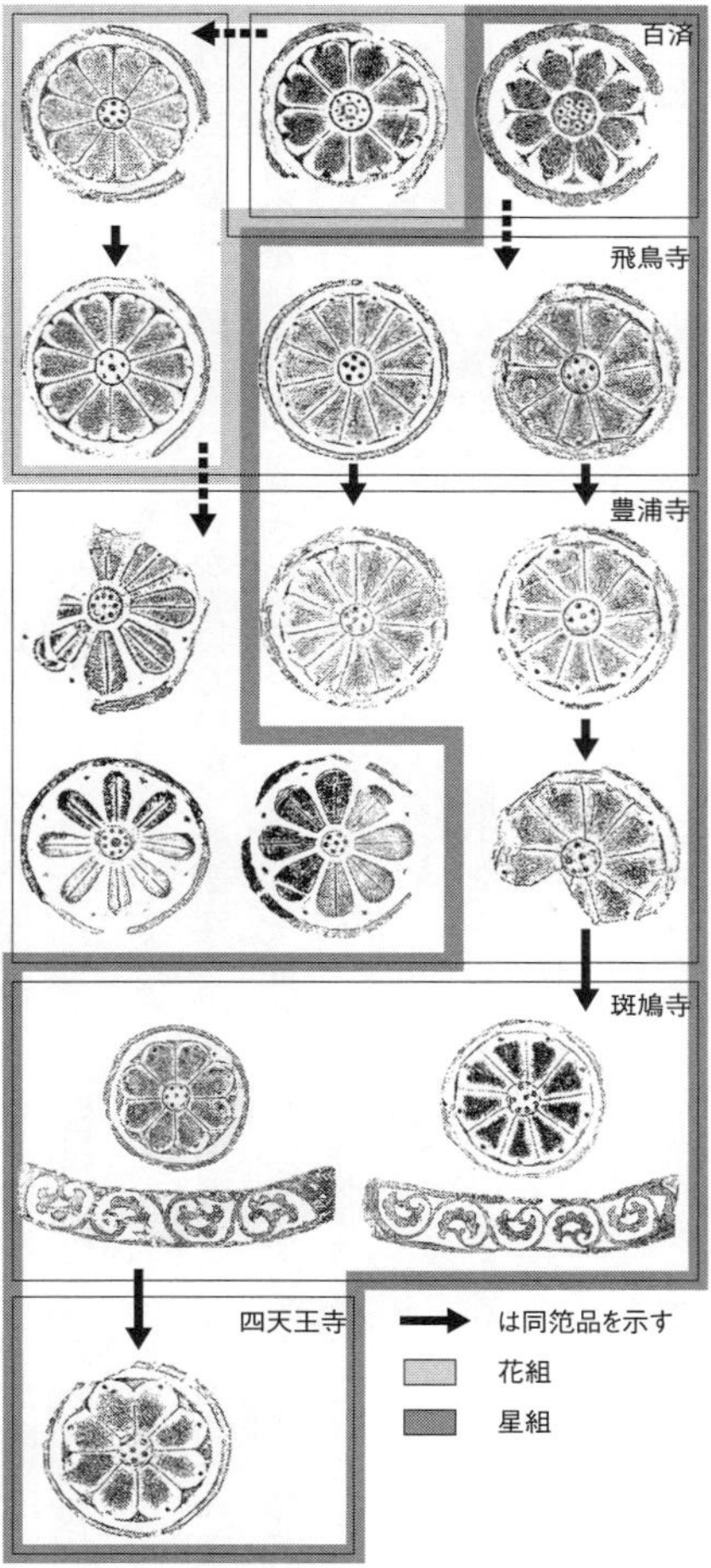

図1-2　素弁瓦の系譜(花組と星組)

順序で建立されたことはまず疑いない。後世の作為が少なくない寺院縁起を考える上で、客観的データとして活用されるべきであろう。なお、豊浦寺では「星組」が去ったあと、別系統の渡来系工人が瓦生産を担い、やがて高句麗系紋様の軒丸瓦を用いるなど、独自の展開を示した。一方の「花組」の動きはややわかりにくいが、豊浦寺・奥山廃寺・軽寺《かるでら》など、飛鳥近傍の寺院の瓦に彼らの足跡が見出されている。これらはすべて蘇我氏か上宮《じょうぐう》王家（聖徳太子一族）に関わる寺院であり、飛鳥寺で編成された瓦製作グループが一定期間維持され、寺院造営に携わっていた様子がよくわかる。

瓦を焼く窯は、やがて山背《やましろ》・河内《かわち》・播磨《はりま》・備中《びっちゅう》などの遠隔地にも設けられ、一つの窯が複数の寺院に瓦を供給するようになった。瓦の紋様系統も複雑になっていった。これらも生産体制や寺院間関係の推移を知る手がかりとされている。

瓦工に見られた動向は、おそらく寺工・金工・画工などでも同様であったろう。飛鳥寺造営は二〇年をかけて終わったが、蘇我氏が掌握する技術者はそこから畿内各地に派遣され、寺院の成立をもたらしたのである。建築や工芸だけではない。仏教学・医学・芸能といった寺院に欠かせない知識・技術も飛鳥寺で維持され、普及の拠点となっていたに違いない。推古一〇（六〇二）年に百済から渡来して暦法・天文などを教えた観勒《かんろく》、同一八（六一〇）年に高句麗王が派遣して彩色・紙墨・碾磑《てんがい》（水力で動かす石臼）の技術を伝えた曇徴《どんちょう》なども、僧侶として飛鳥寺に止住したと推定してよかろう。特に観勒の名は、飛鳥寺の経営に深く関わる飛鳥池木簡にも見えており、その可能性はきわめて高いのである。このような意味で、飛鳥寺はまさに「文明化の総合センター」であり、蘇我氏の政治路線を十全に実現するための装置でもあった。

2　アジアの中の推古朝

飛鳥寺創建には百済と高句麗の援助が欠かせなかった。しかし百済王も高句麗王も、純然たる善意や仏教流布の熱意だけでこうしたことを行なったのではない。その背景には、六世紀後葉から急速に動き出したアジアの国際情勢があった（図１－３）。

新しいアジア情勢

まず、アジア東部において政治・経済の中心であった中国の動向を見てみよう。中国では四世紀以来、南北対立が続いてきた。長江流域で漢族の王朝、華北で遊牧民の王朝が興起するというのが基本図式である。やがて華北は北魏《ほくぎ》によって統一されるが、五三四年に東西分裂し、さらに東魏は北斉《ほくせい》、西魏は北周《ほくしゅう》に取って代わられた。ほどなく北周は北斉を吸収するが、五八一年に宮中クーデターが起き、有力軍閥の楊堅《ようけん》が新王朝を立てた。これが隋《ずい》の文《ぶん》帝である。文帝は開皇《かいこう》律令を制定するとともに、中央・地方の行政組織を徹底的に改革した。こうして国制の整備を進めつつ慎重に軍略を整え、ついに五八九年、南朝の陳《ちん》を滅ぼして中国統一をなしと

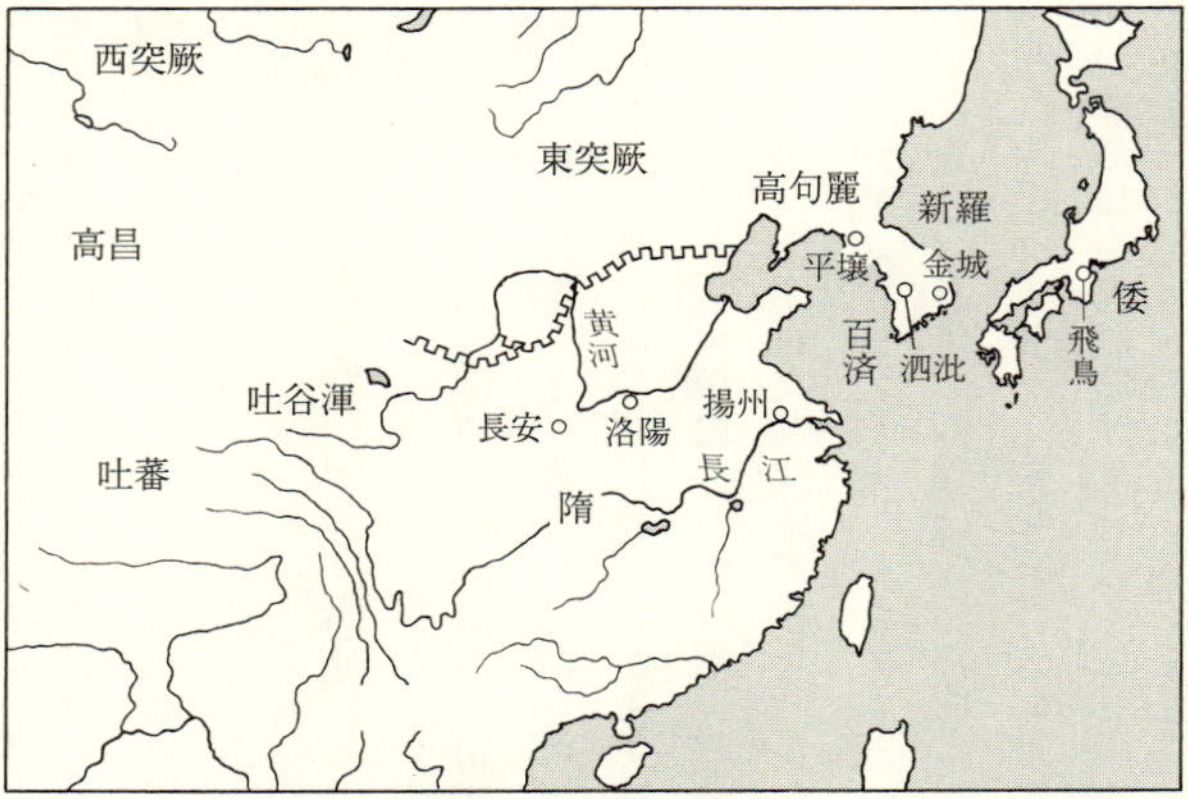

図 1-3　7 世紀初頭のアジア東部

げたのである。六〇四年、文帝が新都大興城《だいこうじょう》(長安《ちょうあん》城)の避暑地・仁寿宮で死去すると、皇太子楊広《ようこう》が即位し二代皇帝となった。悪名高き煬帝《ようだい》である。しかし、煬帝の治世の前半は隋の全盛期であった。豊かな人口・税収をたのんで、副都洛陽《らくよう》城の建設を進めるとともに、幅六〇メートルの大運河を開削し、江南と洛陽・長安を経済的に直結させた。さらに大運河は北に伸ばされ、涿《たく》郡(現在の北京《ペキン》付近)に達したが、これは対高句麗戦争の補給をにらんだものであった。隋朝の安定により、文化・宗教も大いに栄えた。

隋の国際戦略において、つねに念頭に置かれたのは突厥《とっけつ》と高句麗の存在である。突厥はトルコ系の遊牧民で、もともとアルタイ山脈の西南にいた勢力であったが、強勢を誇った柔然《じゅうぜん》を五五二年に打破すると、二〇年足らずの間に中央アジアから北東アジアに至る草原・砂漠地帯を支配下に収めた。西方ではササン朝ペルシアと結んでエフタルを滅ぼし、東西交易の富を独占した。東方では北斉・北周に圧力をかけ、莫大な財物を献上させた。このように六世紀後半の突厥はアジア最大・最強の国家であったが、隋が華北を統一すると情勢が変わった。文帝は巧妙な離間策をとって、五八三年に突厥を東西分裂させ、東突厥を臣従せしめたのである。ついで煬帝は六〇七年、大軍を率いて長城地帯を巡幸し、東突厥の君主・啓民可汗《けいみんかがん》を威圧した。煬帝が啓民可汗の帳幕を訪れたとき、高句麗の使者が来ていたが、可汗はこれを隠さず謁見させたという。隋最盛期における突厥の弱体化、そして突厥と高句麗のひそかな連携を物語る一幕であった。

その高句麗であるが、百済・新羅とあわせて朝鮮三国と呼ばれるものの、版図は遼東《りょうとう》半島から牡丹江《ぼたんこう》に及び、つまりは朝鮮半島北部からマンチュリア中南部までを支配する大国であった（図1-4）。六世紀の朝鮮半島では、その東南部を本拠とする新羅《しらぎ》が急速に台頭してきた。北では高句麗と戦って東海岸沿いに版図を広げ、五五一年には西海岸の漢江《かんこう》流域に進出した。南では百済の勢力と対峙し、五三二年に金官《きんかん》、五六二年に大加耶《だいかや》を滅ぼして加耶全域を領有した。新羅は国家体制を着々と整え、中国王朝とも直接の外交関係をもって、さらなる発展への基礎を築いていった。そこで高句麗は五五二年、平壌《へいじょう》に新都長安城を築いて新羅に対抗し、五七〇年には新羅の背後勢力である倭に使者を送った。やがて隋が出現すると、遼河《りょうが》をはさんで国土を接する高句麗には大きな脅威となった。五九八年には三〇万の隋軍に攻められたが、高句麗はこれを退却させ、以後しばらく緊張状態が続く。こうして西の隋、南の新羅と対峙する高句麗は、突厥や倭との連携を探らねばならなかったのである。一方、半島西南部の百済は、新羅

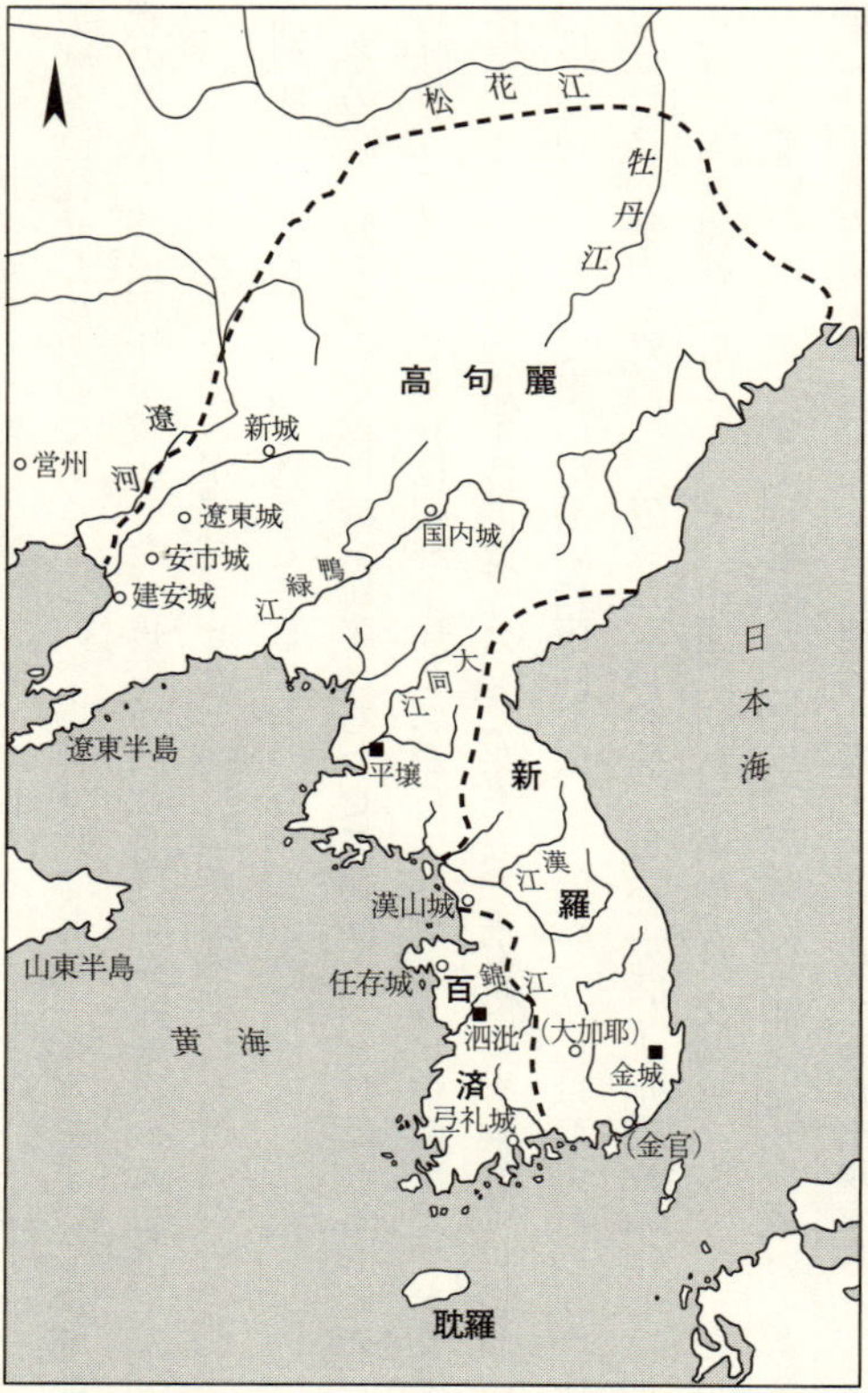

図 1-4　7 世紀前半の朝鮮半島.（　）内はかつての加耶の国名

の攻勢によって逼塞《ひっそく》していったが、隋や倭、そしてかつての宿敵高句麗と巧みな外交関係を結び、何とか生き残りを図った。

隋が中国を統一したころのユーラシア東部は、おおむねこのような状況にあった。煬帝はさらに積極的な軍事・外交を展開し、中央アジア・東南アジアにも睨みをきかせた。そのなかで青海《せいかい》地方の吐谷渾《とよくこん》を押さえこんだが、余波はチベット高原に及び、新興国家吐蕃《とばん》の国制整備をもたらした。倭と似た十二階の位階制度が創設され、諸氏族が統合されていく。吐蕃の伸長は半世紀ののち、倭にも間接的影響を与えることになるだろう。

推古朝の政権構成

隋を中心とする国際秩序の形成をうけ、百済・高句麗の戦略とも連係しながら、倭は新しい対外関係を築いていくことになった。それを詳しく述べる前に、ここでいったん立ち止まり、推古朝の政権がどのように構成されていたかを素描しておきたい。聖徳太子や蘇我馬子が内政・外交に果たした役割を、客観的に見きわめるためである。

七世紀前半までの倭国では、天皇(古くは大王)が国王として権力の頂点に立ち、大后《おおきさき》(キサキ)と太子《たいし》(ヒツギノミコ、皇位継承予定者)が王権の一翼を担った。律令体制下の皇后・皇太子制度ほど整ってはいないが、大后のために私部《きさいべ》、太子のために壬生部《みぶべ》という大規模な部民《べみん》(領民)が置かれ、それぞれの権力基盤とされた。

王権には王族たちがとりまき、畿内を本拠とする豪族たちが臣従した。上級豪族は大夫(マエツギミ)と呼ばれ、王宮において国政審議・勅命伝達・上奏などを行なったが、そのトップにいたのが大臣(オオマエツギミ)である。蘇我氏は六世紀以来ずっと大臣を世襲し、さらに歴代天皇と婚姻関係を結ぶことによって、絶大な発言力を手にしていたのである。そして、王族や豪族を経済的・人的に支えたのも部民制であった。倭王朝が全国支配を進めて行く過程で、地方豪族の領民を割きとって部民とし、それを中央の王族・豪族が分割領有した制度である。彼らは王権に結集したからこそ部民領有を認められ、その貢納物と労働力を手にすることができた。しかし、いったん領有された部民は王権の意のままにならず、王族・豪族の独立割拠性を生み出すことにもなった。

こうした政治構造を反映して、天皇即位に際しては群臣による推戴《すいたい》、すなわち豪族たちが新天皇を共立する儀礼が行なわれていた。しかし、皇位継承については全く別次元の原理が重んじられ、そこに王族の存在意義もあった。すなわち、河内祥輔氏によれば、六世紀の倭国では父子直系こそが皇位継承のあるべき姿とされていた。直系・傍系の区別は、母が皇女(歴代天皇の娘)であるか、諸氏出身であるかによって決まる。つまり天皇を父にもち、皇女を母にもつ人物だけが直系と認められたのである。そして、直系天皇であれば子孫も天皇位につけたが、傍系天皇はその人一代限りであった。したがって、蘇我氏を母にもつ天皇はみな傍系で、その子は本来であれば即位できなかったことになる。

この皇位継承原理によって〈継体―欽明―敏達〉が直系ラインとして確立したが、敏達から直系を継承できたのは、額田部皇女《ぬかたべのひめみこ》（推古天皇）を母にもつ竹田皇子だけであった（三七頁、図１－７参照）。敏達が死去したとき、まだ竹田は未成年であったと思われ、蘇我堅塩媛《きたしひめ》を母にもつ用明が傍系天皇として即位した。ところが竹田は間もなく夭折したらしく、皇位継承に支障が生じた。そこで王権周辺で最終的に合意されたのは、用明の長子である厩戸皇子（聖徳太子）を直系候補とすることであったと考えられる。そして直系の地位を固めるため、厩戸には太子として経験と実績を積ませ、その間しばらく中継ぎの天皇を置くことになった。おそらくこうした合意のもとに蘇我馬子は崇峻天皇を暗殺し、敏達大后の額田部皇女が即位したのである。その直後、成人した厩戸皇子は太子として国政に参画した。聖徳太子が摂政《せっしょう》になったという『日本書紀』の記述は、このような文脈で読むことができる。

推古朝の政権中枢部は、かくして〈推古天皇―聖徳太子―蘇我馬子〉という蘇我色の濃いものとなった。大臣蘇我馬子の発言力がいよいよ高まったことは推測に難くない。それとともに、敏達大后として権力を保持してきた推古天皇や、直系天皇候補に選ばれた聖徳太子についても、政治的な能力・能動性を十分認めるべきであろう。

六世紀最後の年、つまり推古八(六〇〇)年は倭が積極的な対外政策を始めた年である。新羅には軍隊を送って交戦し、隋にも最初の遣隋使を派遣した。主たる目的はそれぞれ違ったが、ともにアジアの新情勢と深く関わる施策であった。

新羅との戦争

まず新羅との戦争であるが、『日本書紀』によるとこの年二月、新羅と任那《みまな》(加耶の残存勢力か)が争った。そこで倭王朝は境部臣《さかいべのおみ》を大将軍、穂積臣《ほづみのおみ》を副将軍に任じ、一万人余りの軍勢を与えて新羅を攻撃させた。倭が五つの城を攻め落としたため、新羅は和平を乞うてきた。そこで新羅・任那から毎年「調」(貢納物)を奉るということで決着したという。この記述については、朝鮮側の史料『三国史記』に関連記事が見えないため、信憑性が疑われてきた。しかし、『三国遺事』には新羅真平王《しんぺいおう》代(五七九〜六三二)のこととして「日本兵」の行動が記されており、戦闘の事実はあったと考えてよい。ひとことで言えば、それは新羅の旧加耶領をめぐる抗争であった。

五六二年に加耶全域が新羅に併呑されて以来、かつて「任那」と呼んで権益を得ていた倭の支配層にとっては、その「復興」が悲願となった。数度にわたって外交交渉が行なわれ、新羅は「任那の調」という名目で倭の旧権益を満たそうとした。しかし、結局合意は得られず、崇峻四(五九一)年には二万の兵が北九州まで赴いたが、戦争には至らなかった。それが推古八年になり、突如として渡海作戦が行なわれたわけである。

急転回の背景には、百済・高句麗との連係を考えるのが自然である。飛鳥寺の造営援助に続き、百済は僧慧聰や王子阿佐《あさ》、高句麗は僧慧慈を派遣し、倭と意を通じた。特に高句麗僧慧慈は聖徳太子の師となった人物であり、倭王朝の国際交渉についても彼の意見が反映されたと考えられる。「新羅と戦いつつ、隋に備える」高句麗の国際戦略、新羅と厳しく対峙する百済の思惑に、倭が同調した可能性は高い。

倭軍が半島から撤収すると、新羅はすぐさま加耶支配を回復した。推古九(六〇一)年、倭は高句麗・百済に支援を乞い、改めて軍略を練った。そして推古一〇(六〇二)年、来目《くめ》皇子が「撃新羅将軍《しらぎをうついくさのきみ》」となり、二万五千の大軍を北九州に集めて渡海準備を進めた。来目は聖徳太子の弟に当たり、この戦争の立案に聖徳が関わったことを窺わせる。しかし、来目皇子は病気で動けず、翌年(六〇三)に死去した。後任将軍にはやはり聖徳太子の兄弟である当摩《たぎま》皇子が任じられたが、妻の死によって飛鳥に戻ってしまったため、侵攻計画全体が中止されることになった。ただしこの間、六〇二年には百済が、六〇三年には高句麗が新羅を攻撃しており、倭麗済三国の共同作戦が進められたことは疑いない。倭の内部事情によって新羅総攻撃は中途半端に終わり、新羅の加耶支配はそのまま固定された。

その後、倭王朝が「任那復興」、もしくは「任那の調」をめぐって新羅と争うことはなかったと考えられる。六〇〇年の半島出兵を最後のあだ花として、加耶問題は水面下に没したと言ってよい。しかしその一方で、三国共同作戦がともかくも成立したことは、七世紀の半島情勢の起点と評価できるであろう。百済・高句麗が滅亡し、倭が完全に放逐され、新羅が半島を統一するまでの歴史過程がここに始まったのである。

遣隋使の始まり

『隋書』倭国伝によれば、開皇二〇(六〇〇)年、倭王が使者を派遣してきた。王の姓はアメ、名はタリシヒコ、号はオホキミであった。文帝が倭国の風俗を問わせたところ、「倭王は天を兄、日を弟とし、天がまだ明けない早朝に政務をとり、日が出たらこれを終えて弟に委ねるのです」と答えた。文帝は道理に合わないと述べ、改めさせたという。そのほか後宮のこと、官位・官職のこと、国土と国民のことなどが書き連ねてあるが、冠位十二階(推古一一、六〇三年制定)についての記述があるから、それ以降の知識に基づくものも含まれるようである。『日本書紀』にはなぜか全く記述がないのであるが、これが倭国最初の遣隋使であったことは広く認められている。

ただ、倭王に関する記事には問題がある。「アメタリシヒコ」というのは男性の称号であり、「王の妻はキミと号す」という記述と相俟って、女性天皇推古の時代にふさわしくないのである。おそらくはアジア諸国のみならず、倭国でも異例であった女性天皇の存在を隠蔽し、伝統的な男性天皇の形式をとって外交に当たったのであろう。なお、国王号「阿輩雞弥」はオホキミと訓じたが、これについてはアメキミ・アマキミとする異説もある。

ついで大業《たいぎょう》三（六〇七）年にも倭国が朝貢してきた。「海西《かいせい》の菩薩《ぼさつ》天子が仏教を興しておられると聞いたので、使者を派遣して拝礼し、僧侶数十人に仏法を学ばせたいと存じます」とその遣隋使は言った。『日本書紀』推古一五（六〇七）年七月条によれば、この人物が小野妹子《おののいもこ》である。仏法興隆で名高いのは文帝であるが、三年前に死没し、二代皇帝煬帝が立っていた。倭国はそのことを知らなかったらしい。国書（外交文書）には「日出づる処の天子、書を日没する処の天子に致す。恙《つつが》なきや」という文言が書かれていた。煬帝は無礼な「蛮夷《ばんい》の書」に気分を害したが、この東夷の国には興味を示した。そこで倭王の請うままに、妹子の帰国に外交官僚裴《はい》世清《せいせい》を随行させ、朝貢を歓迎する意を伝えるとともに、倭国の国情を視察するよう命じた。一行は百済・対馬《つしま》・壱岐《いき》を経て北九州に着き、六〇八年秋、ついに王都飛鳥に入った。推古はおそらく姿を見せなかったが、王宮で外交儀礼を執り行ない、「大隋礼義の国」から「大国惟新の化」を聞きたいと裴世清に伝えた。そして、無事使命をとげた裴世清を送るため、小野妹子はふたたび隋に赴いたのである。

このように第二次遣隋使は明確な目的を掲げていた。新興大国隋から仏法と礼義を学ぶことである。そのため、裴世清の帰隋に際しては高向玄理《たかむこのげんり》・南淵請安《みなぶちのしょうあん》・僧旻《そうみん》などが付き従い、先行した僧侶たちと合わせて、数多くの若者が隋に留学することになった。このことの重要性に比べれば、無礼とされた国書の文言をとらえて、倭国が「対等外交」を意図したかどうかを議論するのは生産的なこととは思われない。『日本書紀』には「朝貢」を嘉《よみ》する煬帝の返書を受け取ったさまが描かれており、遣隋使が朝貢使であるのは倭王朝にとっても自明のことであった。そしてその朝貢の目的こそが、仏法と礼義の受容、すなわち国際レベルにおける倭国の文明化だったのである。権力の中枢にあった聖徳太子と蘇我馬子の意向をそこに読み取ることも、決して不可能ではあるまい。

対新羅戦争と歩調を合わせたかのような第一次遣隋使と、それが終了してからの第二次遣隋使では、派遣目的がかなり異なっていたと思われる。ただいずれにせよ、倭の遣使が百済・高句麗の意向と無関係であったとは考えられない。小野妹子の帰国ルートからは明らかに百済の協力が窺えるし、「日出づる処」「日没する処」の表現に高句麗僧慧慈の関与が読みとれるとする意見もある。百済・高句麗にとって、倭が隋に朝貢することは、新羅を牽制する意味において大いに歓迎すべき事態であった。

その後、推古二二(六一四)年には犬上御田鍬《いぬがみのみたすき》が派遣され、翌年、百済使とともに帰国した。しかし、『隋書』倭国伝はこの件について全く沈黙している。実は『隋書』煬帝紀には、『隋書』倭国伝にも『日本書紀』にも見えない大業四(六〇八)年・六(六一〇)年の遣使が記載されている。いったい、遣隋使は全部で何回遣わされたのか。六〇〇年・六〇七年・六〇八年・六一四年の四回説が有力だが、六回説も捨てきれない。派遣の頻度は倭国の政治姿勢に関わる問題であり、さらに詳しい検討が必要であろう。

3　小墾田宮の王権

小墾田宮へ　夜明け前の政務を改めよ——隋の文帝からそう訓戒された倭王朝は、しばらくは新羅戦役に忙しかったが、推古一一(六〇三)年七月に侵攻中止を決めると、まるで目が覚めたかのように儀礼整備に乗り出した。

まず同年一〇月、国政の中枢機関である王宮を豊浦宮から小墾田宮《おはりだのみや》に移した。豊浦宮は甘樫丘のすぐ北西にあった。推古天皇は即位以来ずっとここで国政を執ってきたが、飛鳥寺北方の小墾田の地に新しい王宮を建設し、「礼義」に相応しい空間を創出しようとしたらしい。小墾田は西は雷丘《いかずちのおか》周辺、東は奥山集落に至る広々としたエリアで、阿倍《あべ》山田《やまだ》道《みち》と呼ばれる東西幹線道路が通過し、まさしく飛鳥の北の玄関口にあたる。厳密には飛鳥の範囲に含まれないが、

図 1–5　小墾田宮概念図

地勢的にはひとつながりの地域と言ってよい。

推古朝の小墾田宮の遺構は、残念ながらまだ見つかっていない。しかし、『日本書紀』のいくつかの記事から、王宮の構造をほぼ把握することができる(図1-5)。すなわち小墾田宮は南を正面とする宮殿で、主要施設は南北二つのブロックに分かれていた。宮門《きゅうもん》(南門)を入ったところが臣下の空間である。中央に広い朝庭《ちょうてい》があり、さまざまな儀礼が執り行なわれた。朝庭の東西には庁(朝堂《ちょうどう》)が建ち、大臣や大夫はここで天皇に近侍しながら、国政審議などの職務を行なったと考えられる。朝庭の北端には大門《だいもん》(閤門《こうもん》)が開き、そこから奥のブロックは天皇の空間となる。天皇は大殿《おおとの》と呼ばれる中心殿舎で国政を総覧したが、この建物はまた天皇の日常生活の場でもあった。大門から北は出入りが厳しく制限され、基本的に天皇と女官だけが暮らす世界だったと見られる。

それでは、小墾田宮はどこが新しかったのだろうか。大殿や庁の利用方法を見ると、天皇や大臣・大夫の政治的役割によくフィットしており、二つのブロックからなる構造は伝統的なものと見てよい。政務の時刻を未明から朝に移したところで、空間構造を変える必要はなかったのであろう。とすればやはり、小墾田宮では特に儀礼空間としての整備がなされたと考えるべきではなかろうか。たとえば朝庭を広大な石敷き広場とする、大殿・庁・門を立派な建物にする、といった具合にである。第一次遣隋使は隋の巨大な王宮と壮麗な儀礼を身をもって体験しており、そのインパクトが倭国の王宮を変えたのである。

儀礼も確かに改まった。遷宮の直後、聖徳太子の献策によって大楯《おおたて》と靫《ゆき》が作られ、旗幟《はた》に絵を描いたが、これらは王宮儀礼を荘厳するための道具であった。また翌年(六〇四)には「朝礼」が改変され、宮門を出入りする時は跪いて両手をつき、敷居を越えてから立って行くよう命じられた。腹這いになって前進するのを匍匐礼《ほふくれい》と呼び、倭の伝統的な作法であった。これ以前には、宮門から庁(朝堂)まで匍匐礼で進む習わしであったが、宮門を入ったら中国風に歩いて進むことに改めたものと解される。

冠位十二階

小墾田宮に遷って二カ月後の推古一一(六〇三)年一二月、冠位十二階が制定された。大徳・小徳・大仁・小仁・大礼・小礼・大信・小信・大義・小義・大智・小智という儒教的な名をつけた一二の位を設け、これによって支配者層を序列づけようとするシステムである。それぞれの位を冠の色で表示するため、冠位と呼ぶわけである。色については仁冠・礼冠・信冠・義冠・智冠が五行《ごぎょう》説に基づき、青・赤・黄・白・黒であったとする説が古くからあるが、最上位の徳冠の色を含め、確たることは言えない。冠の素材はすべて絁《あしぎぬ》(絹の一種)で、頂部は袋のような形状にまとめ、下端に縁飾りがついていた。

翌推古一二(六〇四)年の元日、冠位が諸臣に与えられた。この年の正月儀礼において初めて、冠位十二階が用いられたものと見られる。それぞれの冠は、元日など特別の日には髻花《うず》という飾りがつけられた。小墾田宮の朝庭では冠位の順に中央豪族が立ちならび、見事な色彩の移り変わりを見せながら、さまざまな髻花を揺らめかせたことであろう。冠位十二階もまた、儀礼整備の一環として制定されたものだったのである。

冠位十二階は以後たびたびの改訂を経て、律令位階制に受け継がれていった。その意味で、律令官僚制の原点が推古朝にあったと評価することも不可能ではない。しかし、冠位十二階には大きな限界があった。まず、王族と大臣蘇我氏はこの冠を用いなかった。王族は織《しょく》冠・繡《しゅう》冠、大臣は紫《し》冠という伝統的な冠をかぶったと考えられ、彼らは冠位十二階を超越した存在であった。一方、地方豪族に冠位が与えられた形跡もない。したがって、中央豪族のうち大夫以下が冠位十二階を賜与されたことになるが、実例を調べてみると全員ではなく、その一部分に限られていたらしい。つまり階層的にも地域的にも、冠位十二階はきわめて限定された人々を序列化するだけの制度であった。

さらに推古一三(六〇五)年閏《うるう》七月には聖徳太子の命令で、諸王・諸臣すべてが「褶《ひらおび》」を着用することになった。袴の上につける裳《も》のようなもので、天武一一(六八二)年まで用いられた男性装束である。古墳時代以来の服制はこうして推古朝から変貌し、七世紀を長い過渡期として、唐制に近い律令衣服制が形作られていった。

ちなみに古墳時代からの断絶という点では、須恵器《すえき》についても同じことが言える。蓋付きのやや深い食器を「蓋杯《ふたつき》」と言うが、推古朝ころに金属器を模倣した新しい形態のものが出現し、蓋には宝珠形のつまみが付くようになる。そしてさまざまな変化を経た上で、律令体制下の食器に受け継がれるのである。これに新しい建築様式、つまり礎石建ち・瓦葺きの建築を加えるなら、衣食住の全般にわたって推古朝にニューモードが始まったことになる。過大評価は禁物であるが、倭国の「文明化」の一環として捉えることができよう。

憲法十七条

儀礼整備のさなか、推古一二(六〇四)年四月に聖徳太子はみずから憲法十七条を作ったという。『日本書紀』にはその全文が載せられ、異彩を放っている。すなわち「和を以て貴しとし、忤《さか》うることなきを宗とせよ」に始まる第一条から、「篤《あつ》く三宝を敬え」の第二条、「詔《みことのり》を承りては必ず謹《つつし》め」の第三条へと続き、「それ事は独断すべからず」の第一七条に終わる。多くの条文は儒教思想をベースとした訓戒であり、〈君―臣―民〉の秩序を重んじ、正しい政治を行なうよう豪族たちに求めたものである。表現はきらびやかだが、内容は君主制・官僚制としては初歩的なこと、当たり前のことばかりである。中央集権的な政治制度がまだ整っていない状況が、ここから読み取れるであろう。

憲法十七条については、聖徳太子の政治理念を示した教令法とするのが伝統的な理解であるが、用語や用字に新しい要素が見受けられるとして、推古朝の文章とは認めない学説も根強くある。もっとも用語・用字は『日本書紀』撰述に際して加筆や潤色が行なわれた可能性があるから、聖徳太子に仮託されたという考え方も盤石ではない。推古朝の文章そのものか、後世の加筆・潤色があるか、全くの仮構・偽作か。大化改新詔と同じように、このいずれを採るべきか、慎重な判断が要求される。

しかし、具体的な制度を述べた改新詔と違って、十七条憲法は抽象的な内容に終始しており、決定的なことは言えない。いきおい状況論にならざるを得ないのだが、私はこの時期に何らかの訓令が出されたとしても不自然ではないと考える。むしろ十七条の冒頭部で仏教(第二条)と礼(第四条)を重んじよと述べているのは、推古朝の政治方針とまさに適合的である。少なくとも飛鳥寺・小墾田宮・冠位十二階は確実な歴史的事実なのであり、聖徳太子のブレーンとなった高句麗僧慧慈の存在もこの際忘れてはなるまい。逆に、天武朝以降になると仏教は国家イデオロギーとしてはやや後退するため、その時代の述作なら「篤く三宝を敬え」を第二条に据えるであろうか。地方官として「国造《くにのみやつこ》」が現われるのも、律令体制下の文章としては違和感を覚える。

このように憲法十七条は、後世の潤色が入っている可能性はあるが、基本的には推古朝当時のものと認めてよいと思われる。それは儒教と仏教に基づく新政治秩序をめざした倭王朝の訓令であった。しかし、ここに窺われる〈飛鳥の王法と仏法〉はまだまだ初歩的で未成熟なものである。「文明化」の道は前途遼遠であった。

煬帝が倭国に派遣した裴世清は、推古一六(六〇八)年八月、小墾田宮で盛大な外交儀礼を受けた。倭王朝側には五年にわたる儀礼整備の成果を披露し、アジアの文明世界に参入するとともに、国内の政治秩序を整えるという明確な意図があった。裴世清が何を感じ、いかに「礼義の国」の「大国惟新の化」を教えたかは、もはや知ることができない。彼は翌月、使命を果して隋に帰っていった。以後、倭王朝の「文明化」政策はあまり目立たなくなる。反復と定着、深化と拡大のプロセスに移行したと見るべきであろうか。

史書と天皇号

そうしたなか、『日本書紀』によれば推古二八(六二〇)年、聖徳太子と蘇我馬子はともに議《はか》って「天皇記および国記、臣・連・伴造《とものみやつこ》・国造・百八十部《ももあまりやそとものお》あわせて公民《おおみたから》らの本記」を録したという。このうち「天皇記」「国記」は六四五年のクーデター直後、蘇我蝦夷が焼き捨てようとしたが、船史恵尺《ふねのふひとえさか》が「国記」を救い出したと伝えており、実際に書物として完成したと考えられる。ただ、すぐに聖徳太子が死去したこともあってか、編纂は馬子主導で進められ、完成後も蘇我氏邸宅に伝えられたらしい。

倭王朝は六世紀までに「帝紀《ていき》」「旧辞《きゅうじ》」を筆録していた。それぞれ天皇系譜と宮廷伝承を中心とした書物と考えられるが、題名から推せば、推古朝の「天皇記」「国記」も「帝紀」「旧辞」によく似た内容をもつ史書だったのではなかろうか。さらにこれに加え、臣・連・伴造・国造と総称される諸豪族の記録、「百八十部」と呼ばれる「公民」の記録も作成された。この場合の「公民」は律令体制下のそれではなく、王族・豪族に分割所有されていた部民を指すものである。つまり〈天皇—豪族—部民〉が推古朝の〈君—臣—民〉の実態で、「天皇記」以下の編纂により、上は天皇から下は部民まで、すなわち倭国の全階層の由来が明らかにされたわけである。儀礼整備によって政治秩序への関心が高まった結果、このような史書が編纂されるに至ったと考えるのが妥当であろう。

ただ、「天皇記」という書名は当時のものかどうかわからない。なぜなら、「天皇」という君主号が成立していたかどうかが判然とせず、「公民」と同じように文飾かもしれないからである。天皇号については、長らく〈推古朝成立説〉と〈天武朝成立説〉が対立してきた。しかし、丙寅年(天智五、六六六)の野中寺《やちゅうじ》弥勒《みろく》菩薩像銘文に見える「天皇」は、近年この銘文全体の信頼性が高まったことにより、疑問視する必要はなくなっている。つまり〈天武朝成立説〉はおそらく無理であって、天皇号は天智朝までに成立していた可能性が高いのである。政治・思想の流れから見れば、成立時期としては推古朝・孝徳《こうとく》朝・天智朝などが想定できるが、どれにも確証はない。そこで、本書では〈天智朝以前成立説〉という慎重な態度をとりたいと思う。

ここで注意しておきたいのは、仮に推古朝に天皇号が生まれたとしても、冠位十二階と同じように、「礼義」や思想の問題にとどまるであろうということである。推古朝には国家制度の根本的変化は起こっておらず、律令体制の出発点とは考えにくい。それが小墾田宮の王権の限界であり、律令体制まではさらに大きな飛躍が必要だったのである。

4　二つの王家

上宮王家と斑鳩

法隆寺で名高い斑鳩は、飛鳥の北北西一五キロほどのところにある（図1－6）。矢田丘陵と大和川に南北を画された小天地であるが、聖徳太子がここに宮室を造り始めたのは推古九（六〇一）年のことであった。四年半後、太子は斑鳩宮に移り住んだ。聖徳太子の一族を「上宮王家」と呼ぶが、太子のキサキや子供たち、さらに王家に仕える氏族も居を構え、斑鳩は上宮王家の勢力拠点として発展していくことになった。

斑鳩の地が選ばれた理由はいくつか考えられるが、最も考慮されたのは交通の要衝であったことではなかろうか。大和川が奈良盆地の水を集めて河内に流れ出していく、その出口近くに斑鳩はある。飛鳥と難波を結ぶ川船はみな斑鳩を通らなければならず、政治的にも経済的にも重要な場所だったのである。王宮から遠いことは問題であったが、小墾田と斑鳩をまっすぐ結ぶ道路が敷かれ、馬なら一～二時間で到達できるようになった。推古朝には奈良盆地に東西・南北方向の直線道路（横大路《よこおおじ》・下ツ道《しもつみち》）が建設されたと推定されている。それとは全く無関係の斜向道路がわざわざ敷設されたところに、斑鳩宮にいた聖徳太子の絶大な権力を読み取らねば

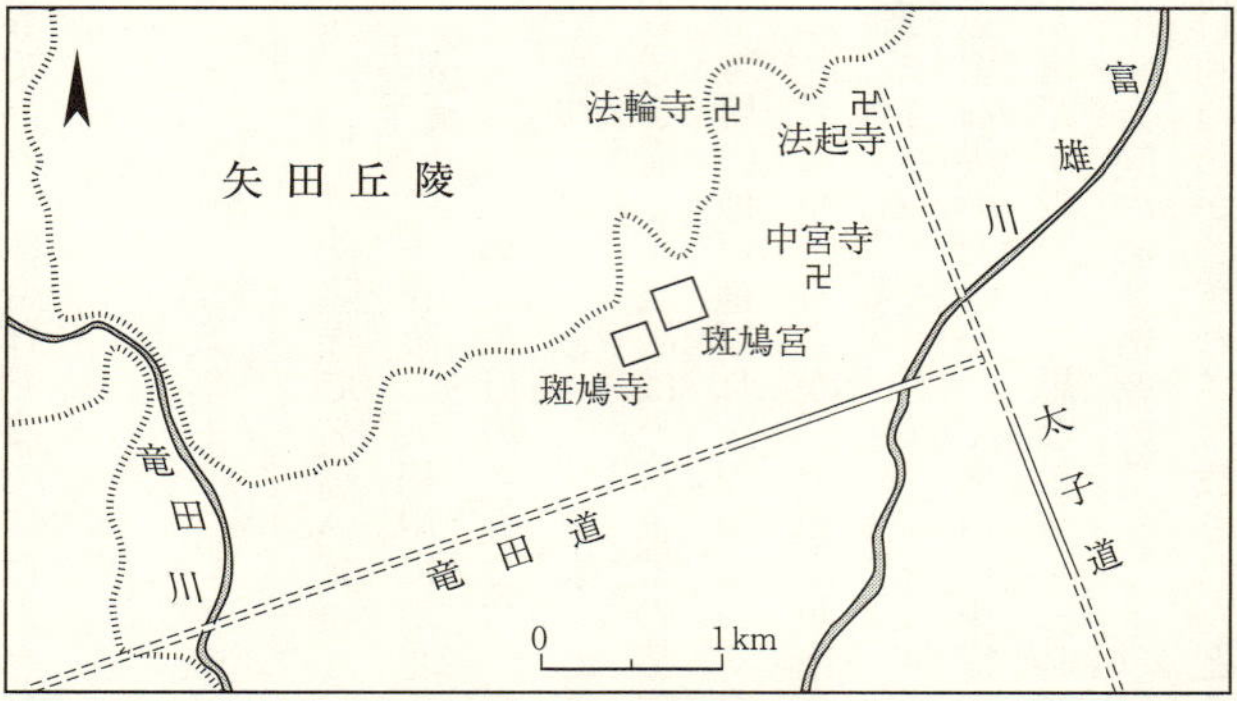

図 1–6　斑鳩地域要図

ならない。この道は「太子《たいし》道《みち》」と呼ばれ、藤原京域ではかき消されているが、今も田原本《たわらもと》町から安堵《あんど》町までよく痕跡が残っている。羽田—伊丹便の飛行機からも、斑鳩に向かって伸びていく直線古道がはっきり視認できる。

太子道は北で二〇度ほど西に振れるが、斑鳩ではこれと方位を揃えた道路や遺構がいくつも見つかっている。その第一が斑鳩宮である。斑鳩宮の建物遺構は一九三九年、夢殿《ゆめどの》を中心とする法隆寺東院の地下で検出された。その後も関連遺構の発見があり、宮全体は夢殿付近を東南隅とする方二町(約二二二メートル四方)の規模と推定されている。第二は斑鳩寺である。法隆寺の前身となった若草伽藍がそれで、斑鳩宮の西隣にあり、「星組」軒丸瓦の年代から六一〇年前後の創建と考えられる。斑鳩宮と斑鳩寺は東西に整然と並び、太子の仏教信仰を体現していたわけである。このほか同方位の遺構として、斑鳩東端に近い法起寺《ほっきじ》で前身建物が発見されており、『日本書紀』に見える岡本宮《おかもとのみや》と考えられる。さらに法隆寺の南約五〇〇メートルを東西方向に走る道路は太子道と直角に交わり、古代の「竜田道《たったみち》」に比定されている。このように東は岡本宮、西は斑鳩寺、南は竜田道にいたる斑鳩地域は、太子道を基準とする全体プランのもとに開発されており、そこには中宮寺・法輪寺といった寺院のほか、上宮王家や膳《かしわで》氏の宮宅が建ちならんでいたと推測される。

上宮王家は畿内を中心とする全国各地に屯倉《みやけ》をもち、水田経営や出挙《すいこ》(稲の利息つき貸付)を行なっていた。また、皇位継承予定者たる聖徳太子には推古一五(六〇七)年に壬生部が与えられ、「上宮乳部《みぶ》」と呼ばれて王家の政治力・経済力の源泉となった。上宮王家は蘇我氏の血を受けつつも、独立した権力体として斑鳩の地に君臨していたのである。

聖徳太子の死

『日本書紀』によれば、推古二九(六二一)年二月五日、聖徳太子は斑鳩宮でその生涯を終えた。誰よりも衝撃を受けたのは皇位継承者を失った推古天皇と、蘇我系天皇の即位を逃した蘇我馬子であったろう。当時はまだ譲位の慣習がなかったため、中継ぎ天皇だったはずの推古が長寿を保っている間に、太子が先に死んでしまったのである。

上宮王家を受け継ぎ、一族の結束をはかる役割は、聖徳太子と蘇我刀自古郎女《とじこのいらつめ》の間に生まれた山背大兄王《やましろのおおえ》に委ねられた。また太子の菩提を弔うため、親しい人々は仏教による追善供養を行なったが、その遺品のいくつかは太子信仰とともに今に伝わっている。

まず、法隆寺金堂の釈迦三尊像を取り上げよう。飛鳥彫刻の代表作とされる金銅像であり、光背には造像の由緒と所願が刻まれている。この銘文については近年、東野治之氏が詳しい実物調査を行ない、仏像光背は最初から銘文を入れるように製作されていたことを論証した。仏像・光背そのものも、様式や技法から飛鳥時代のものと見て問題ない。

光背銘文は次のように言う。法興《ほうこう》三一(六二一)年一二月、鬼前《きさき》大后(聖徳太子の母、間人皇女《はしひとのひめみこ》)が亡くなった。翌六二二年正月、上宮法皇と干食《かしわで》王后(膳夫人)がともに病気になったので、王后・王子と諸臣は仏像造顕を発願し、平癒を祈った。しかし二月二一日に王后が、翌二二日には法皇が亡くなった。発願者たちは翌六二三年に像を完成し、三主(大后・太子・王后)の浄土往生と自分たちの現世安穏などを祈った、と。一読して明らかなように、聖徳太子が没した年月日は『日本書紀』と大きく異なっている。また、三主の相次ぐ死という異常事態を伝え、法興という私年号を用い、聖徳太子を上宮法皇と称するなど、注目すべき点が多い。これらはみな六二三年当時の史実・用語と考えて差し支えなく、特に「法皇」には聖徳太子の立場と事績がよく表現されている。

もう一点は天寿国繡帳《てんじゅこくしゅうちょう》である。薄い織物に刺繡して作った曼荼羅《まんだら》であるが、鎌倉時代の複本とともに、現在では断片となってほんの一部が残るにすぎない。ただし、繡帳の図柄には銘文が組み込まれ、その全文が『上宮聖徳法王帝説《じょうぐうしょうとくほうおうていせつ》』に引用されている。すなわち、六二一年一二月に間人母王が、翌年二月二二日に太子が亡くなった。后の多至波奈大郎女《たちばなのおおいらつめ》は悲嘆にくれ、太子が天寿国に往生したさまを見たいと天皇(推古)に申したところ、天皇は采女《うねめ》たちに命じて繡帷《しゅうい》二張を作らせた、という。太子の忌日は釈迦三尊像光背銘文と一致しており、事実を伝えている可能性が高い。問題は「天皇」の語が見えることで、本当に太子没後すぐの作品であれば、天皇号推古朝成立説の有力な根拠となるのである。しかし、図柄に描かれた男性が褶(前節参照)を着用しているから、天武一一(六八二)年以前の作であることは疑いないが、推古朝まで遡る確証はない。

天寿国繡帳には、実は現実世界の様子も描かれている。僧侶が参列する法会の場面と、従者を連れた騎馬行の場面であるが、おそらく前者は聖徳太子の勝鬘経《しょうまんぎょう》講説、後者は片岡山遊幸《かたおかやまゆうこう》を描いたものと推察される。つまり太子の異能伝承が図像化されているのである。こうした伝承は太子の死後しばらく経ってから、太子信仰の高まりとともに生まれたと見るのが自然であり、少なくとも繡帳の現世場面はそうした時代の産物かと思われる。『日本書紀』の叙述もまた太子信仰の影響下にあった。しかし、伝承の核には聖徳太子の政治権力と仏教信仰が確かに存在しており、それ自体はやはり史実として認めるべきであろう。

倭国にはこのころ、上宮王家とならぶ有力な王家があった。聖徳太子の死とともに、急速に注目を集めることになったもう一つの王家を、本書では「押坂王家《おしさか》」と呼ぶことにしたい。上宮王家が蘇我系王族の中心とすれば、押坂王家はそれとは全く異なり、まさしく非蘇我系王族の主軸をなす人々であった。

押坂王家

系図を確かめておこう(図1-7)。六世紀初頭、応神《おうじん》天皇五世孫とされる継体天皇が新しい王統の始祖となるが、彼の皇子のうち最有力であったのが、手白香《たしらか》皇女を母にもつ欽明天皇であった。欽明には何人もの皇子女がおり、用明・崇峻・推古などは蘇我稲目の血を受けていたが、最も毛並みの良い直系皇子は宣化《せんか》の皇女石姫《いしひめ》との間に生まれた敏達であった。さらにこの敏達の皇子として将来を嘱望されたのは、額田部皇女(推古)を母とする竹田皇子と、息長真手《おきながのまて》王の女広姫《むすめひろひめ》を母とする彦人大兄《ひこひとのおおえ》皇子であったが、両人とも即位せずして亡くなった。そして彦人大兄皇子と糠手《あらで》姫《ひめ》皇女の間に生まれたのが田村《たむら》皇子、つまり舒明《じょめい》天皇なのである。長々しい説明となったが、ここで述べたかったことは〈敏達―彦人大兄―舒明〉という、蘇我氏との血縁関係を全く持たない王家・王統が存在したという明瞭な事実である。幾重もの婚姻関係によって蘇我氏と結ばれていた上宮王家と比べれば、族内婚を重ねてきたこの王統の「純潔さ」は際立っている。

彦人大兄は「押坂彦人大兄皇子」とも呼ばれた。それは彼が城上《しきのかみ》の押坂宮に住んでいたためである（現奈良県桜井市忍坂《おっさか》付近）。また、押坂には舒明天皇の押坂内陵を始め、彦人大兄に縁の深い人々の陵墓が営まれており、ここからも非蘇我系王族の根拠地であったことが推測できる。彼らを「押坂王家」と呼んだのはそのためである。そして、押坂宮には巨大な部民集団が奉仕していた。オシサカ部、つまり刑部《おさかべ》である。かつて忍坂大中姫《おしさかのおおなかつひめ》（允恭天皇皇后）のために設置さ

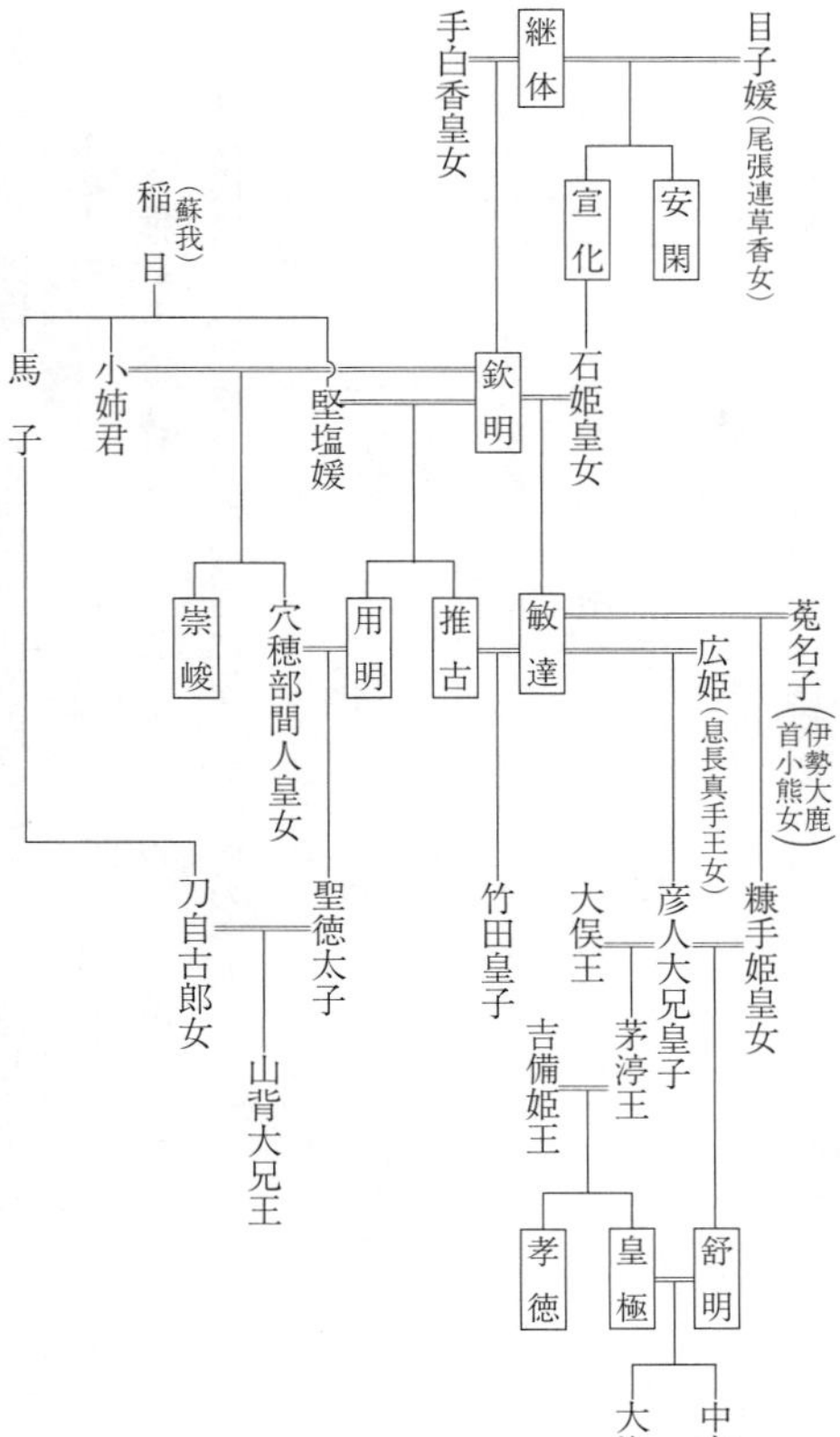

図1-7　天皇家・蘇我氏系図

れたという刑部は、彼女の死後、押坂宮とともに王家領として受け継がれ、一世紀ののち彦人大兄のものとなった。その戸数は一万五〇〇〇戸を優に超え、倭国の支配人口の一割近くを占めたという推計もなされている。このような膨大な部民が押坂王家の政治的・経済的基盤となり、蘇我氏に対抗できる力を彼らに与えていたのである。

彦人大兄が死去したのは推古朝初年のことらしいが、彼の墓は押坂ではなく、大和国西部の広瀬に築かれた。『延喜式《えんぎしき》』では「成相墓《ならいのはか》」と呼ばれ、東西一五町・南北二〇町という歴代最大の兆域を有するものだが、奈良県広陵《こうりょう》町の牧野《ばくや》古墳をこれに当てる学説が有力である。牧野古墳は推定復原径六九メートルの大円墳で、埋葬施設として大和でもトップクラスの横穴式石室をもっている。それではなぜ、彦人大兄は広瀬の地に葬られたのだろうか。彼の父敏達天皇の殯《もがり》(葬送儀礼)が広瀬で行なわれたこと、彦人の別宮「水派宮《みまたのみや》」も広瀬にあったらしいことなどを勘案すると、この地は押坂王家のもう一つの勢力拠点と考えるのが自然である。六世紀後葉から押坂王家は広瀬に進出し、開発を進めたらしいが、それは七世紀初頭に上宮王家が斑鳩を開発したのと軌を一にしていた。大和西部に副拠点を設けて産業開発と交通掌握をはかること、それがこの時期の有力王族の指向性だったのである。押坂王家が領有した広瀬の田畠・山林は、やがて舒明の子孫たちに受け継がれ、その一部は川原寺や長屋王家の荘園として存続したことが確認できる。

舒明朝の政治

聖徳太子が亡くなっても、推古天皇は皇位継承予定者を指名しなかった。やがて推古三四(六二六)年に蘇我馬子が死去し、長子の蝦夷があとを継いだ。さらにその二年後、推古自身が七五年という「長すぎた生涯」を終えた。こうして〈推古天皇—聖徳太子—蘇我馬子〉を中核とする推古朝政権は静かに姿を消していった。

推古天皇は臨終に際して、二つの王家の当主、つまり上宮王家の山背大兄王と押坂王家の田村皇子を小墾田宮に呼び寄せた。推古は苦しい声で、田村皇子に「皇位は重いものであるから、お前はよく考えてことに当たれ」と、また山背大兄王には「お前は未熟者であり、願望を口に出すことなく、群臣の意見に従え」と語ったという。推古の死後、おそらく田村皇子からこの遺詔を聞いた大臣蘇我蝦夷は、大夫たちを私邸に招き、いずれを天皇に立てるべきか諮った。蝦夷が示した遺詔による限り、推古の意が田村にあったことは明らかだったが、意見は二つに割れた。さらにこの件を知った山背大兄王が、自分の聞いた遺詔と違うではないかと言い出し、事態はいよいよ混沌としてきた。そうしたなか、蘇我氏嫡流に近く、上宮王家と昵懇であった境部摩理勢《さかいべのまりせ》が強く山背大兄王を推し、蝦夷に反逆する姿勢を見せた。蝦夷は兵を派遣し、容赦なく摩理勢を殺害したが、この強権的行動によってついに山背大兄王一派は口をつぐんだ。かくして六二九年正月、田村皇子が即位し舒明天皇となったのである。蝦夷が非蘇我系王族を選んだのは、名目的には推古の遺詔を尊重したものであるが、彼の姉妹にあたる蘇我法提郎媛《ほてのいらつめ》がキサキとして古人大兄皇子を儲けていたことが実は大きかったのであろう。王族も蘇我氏も内部抗争の種を抱えており、それが大夫層をも巻き込んで、舒明即位をめぐる紛擾をもたらしたのである。

舒明が即位すると、皇后にはやはり非蘇我系王族の宝皇女《たからのひめみこ》が立った。そして舒明は即位二(六三〇)年一〇月、飛鳥岡の傍にある岡本宮に遷居した。岡本宮の遺構は飛鳥宮跡(現明日香村岡)の三時期にわたる遺構のうち、最も古いものがそれに比定されている。上層遺構の保全のため十分な調査ができないが、掘立柱《ほったてばしら》建物・塀・石敷き・石組溝が見つかっており、それらは北で約二〇度西に振れる方位をもつ。飛鳥の核心部にあたる地に初めて営まれたこの王宮は、蘇我馬子の邸宅があった嶋と飛鳥寺のほぼ中間地点に立地しており、蘇我本宗家との関係を抜きにしては考えられない。

しかし、飛鳥岡本宮は舒明八(六三六)年に焼亡してしまう。舒明は田中宮《たなかのみや》に移ったのち、同一一年に詔を発し、百済川のほとりにおいて新しい王宮と大寺の造営に着手した。百済はかつて敏達天皇が百済大井宮を営んだ地であり、押坂王家との縁が深かった。『日本書紀』は「西の民は宮を造り、東の民は寺を作る」と述べ、その年のうちに百済大寺《くだらのおおてら》の九重塔が建ち、翌一二年冬に舒明が新しい「百済宮」に遷居したと記している。この百済宮―百済大寺のペアは、上宮王家の斑鳩宮―斑鳩寺を模したものと言ってよかろうが、さらに重要なのは、このとき初めて天皇家の勅願寺が建立されたという事実である。蘇我馬子と蘇我系王族による仏教興隆を、舒明は天皇として受け継ごうとしたのである。

この百済大寺の遺跡が吉備池廃寺《きびいけはいじ》である(図1-8)。奈良県桜井市吉備に逆凸字型をした溜池があり、その東南と西南に四角く突出する堤には古代瓦が散布するため、瓦窯跡かと考えられてきた。ところが一九九七年からの発掘調査によって、この突出部分が実は巨大な建物基壇であることが判明したのである。東が金堂基壇、西が塔基壇であるが、金堂の基壇面積は飛鳥寺の三倍近くある。九重塔はさらに雄大で、基壇面積は飛鳥寺の約七倍、高さは八〇メートル前後あったと見られ、当時のアジア諸国でも屈指の規模を誇っていた。このように百済大寺は飛鳥寺をはるかに凌ぐ巨大寺院として建設されたのであるが、そこに舒明が最初の勅願寺に込めた意図や、彼の絶大な経済力を読みとることは容易であろう。なお、百済大寺の軒瓦のデザインは畿内を中心とする列島各地に広がっており、勅願寺の権威を窺うことができる。百済大寺はその後移転を重ね、高市《たけち》大

図1-8　吉備池廃寺

寺・大官大寺・大安《だいあん》寺と呼ばれるが、八世紀中葉まで一貫して官大寺の筆頭にあった。

舒明天皇は外交・内政においても積極的であった。後述する遣唐使のほか、朝鮮三国と交渉を重ね、東北の蝦夷《えみし》、南島の掖玖《やく》(屋久島)にも勢力を伸ばした。また、王宮への参集を励行させ、采女と密通した者を罰するなど、天皇を中心とする政治秩序を整備しようと試みている。押坂王家の天皇は、新しい時代への基礎固めを着実に重ねていた。

5　隋から唐へ

隋・高句麗戦争

舒明天皇は即位の翌年(六三〇)、犬上御田鍬・薬師《くすし》恵日《えにち》らを「大唐」に派遣した。史上初の遣唐使である。御田鍬は推古二二(六一四)年の遣隋使でもあったが、それから一六年の間に隋から唐への王朝交替が起きていた。そこで少し時代を遡って、隋の衰退から唐の成立に至るプロセスを追い、あわせて倭王朝の対応を見ることにしたい。

煬帝の治世前半期、隋の国力は最も充実していた。洛陽・長安から南は江南、北は涿郡まで開削された大運河は経済的・軍事的に大きな役割を担った。ただ、度重なる土木工事によって民衆は深く疲弊し、貴族・豪族の反感も高まりつつあった。そうしたなか、煬帝は対高句麗戦争に突入した。文帝の惨敗の恥をすすぎ、突厥と高句麗の連携を断つためにどうしても必要な戦役ではあったが、三次にわたる出兵に共振しながら大規模な反乱が中国全土を覆い、それが隋の致命傷となるのである。すなわち、煬帝は六一二年に第一次高句麗親征を決行し、一一〇万余の軍勢を動かして国境の遼河を渡った。しかし高句麗の抵抗は激しく、煬帝は東都洛陽に退かざるを得なかった。翌六一三年の第二次攻撃でも遼東城下まで兵を進めたが、補給基地を守る楊玄感《ようげんかん》が反乱を起こしたため、またも撤収することになる。この前後から各地で反乱が続発し始めるが、煬帝はなおもあきらめず、六一四年に第三次遠征を行ない、高句麗の形式的降伏を得ただけで終わった。この間に内乱はますます激しくなり、鎮圧策は全く功を奏さず、全国に群雄が割拠して、これに北方の突厥が介入する情勢となった。煬帝は江南に難を避けたが、六一八年三月、ついに揚州江都宮《こうと》で殺害され、五〇年の波乱の生涯を終えた。

倭王朝もある程度、情報を得ていた。煬帝の死から半年が経った推古二六（六一八）年八月、高句麗の使者がやってきて、煬帝が三〇万の軍兵で攻めてきたが、これを撃破したと述べ、唐人捕虜や奪い取った兵器などを献上した。ただし、隋王朝の滅亡については触れておらず、倭も高句麗もこの時点では隋唐交替を知らなかったらしい。

実は唐王朝の成立は、煬帝の弑逆《しいぎゃく》とやや時間差があった。全国的内乱のなか、北朝以来の名門貴族の家柄に生まれた李淵《りえん》は、北方の要衝太原《たいげん》に派遣されていたが、次男李世民《りせいみん》に促されて挙兵し、六一七年冬に大興城（長安城）を制圧した。その上で煬帝の孫を恭帝《きょう》として擁立し、翌六一八年五月、その禅譲を受けるかたちで皇帝位に就いた。唐の初代皇帝高祖《こうそ》である。しかし、群雄割拠の状態はなお一〇年ほど続く。六二六年に二代皇帝太宗《たいそう》となった李世民が、ついに全国統一を達成したのは六二八年のことであった。二〇年近く続いた分権状況はここに終結し、太宗は「貞観の治」と呼ばれる安定した政情のもと、外に向けては積極的な膨張政策を採ることになる。

第一次遣唐使

犬上御田鍬が最初の遣唐使として派遣されたのは、まさしく唐王朝による中国統一の直後であった。舒明二(六三〇)年三月に高句麗使・百済使が来航し、八月に遣唐使が派遣されているから、両国の仲立ちがあったかのように見える。しかし、遣唐使の渡航に高句麗・百済が関与した形跡はなく、この想定はおそらく成り立たない。倭王朝は両国の使者から唐の情報を入手し、独自の判断で外交関係を結ぼうとしたのであろう。

朝鮮三国は倭国よりずっと早くから、頻繁に唐に朝貢していた。六三〇年までだけを取っても、高句麗は六一九年から六回、百済は六二一年から五回、新羅も同年から七回もの遣使を重ねており、六二四年には高句麗王が遼東郡王、百済王が帯方《たいほう》郡王、新羅王が楽浪《らくろう》郡王にそれぞれ冊封《さくほう》された。しかし、唐が最も重視したのは新羅との関係であった。すでに見たように、七世紀初頭から高句麗・百済は新羅と対立し、しばしば攻撃を加えていた。六二六年、新羅がこのことを唐に訴えたところ、高句麗・百済に対し、それぞれ侵攻をやめるよう命令が下された。

太宗の基本方針は新羅王を擁護しつつ、三国を融和させることであった。このような状況で倭が遣唐使を送ったとしても、新羅への牽制にはならない。遣隋使と違って、高句麗・百済が関与しなかったのもそのためかと思われる。

御田鍬らは六三一年に朝貢の任を果たした。太宗は東海の彼方からの遣使を哀れみ、毎年の入貢を免除するとともに、高表仁《こうひょうじん》なる人物に命じて御田鍬の帰国に付き添わせた。このときは新羅使も倭国まで随行しており、やはり遣唐使は唐・新羅の友好関係を前提にしながら派遣されたことが確認されるのである。舒明天皇は唐使来航に備えて、外交施設である難波大郡《なにわのおおごおり》を修理していた。舒明四(六三二)年、難波津《なにわづ》に到着した高表仁一行を三二艘の飾船が迎え、難波吉《き》士《し》小《お》槻《つき》らが客館へと導いた。しかし結局、唐使が飛鳥岡本宮を訪れることはなかった。『旧唐《くとう》書《じょ》』倭国伝によれば、高表仁は外交能力を欠く人物で、礼儀に関することで王子(不詳)と争い、勅命を宣告することなく帰ったという。難波からの帰還という唐使として異例の事態は、この一件に起因するものと見てよかろう。なお、高表仁が倭国王を冊封しようとしてトラブルになったとする考え方もある。

最初の通交はこのように画竜点睛を欠くところがあったが、唐への関心が弱まることはなかった。それは倭国の支配層が中国文明への強い希求を抱き続けていたからである。そもそも彼らが唐朝の成立を知ったのは推古三一(六二三)年のことであった。その秋、新羅の使者が来朝したのだが、これに従って「大唐学問者僧」たちが帰国した。ここでも唐・新羅の密接な関係が明らかであるが、それはともかく、彼らは遣隋使の一員として派遣され、隋唐交替を直接に体験した人々と考えられる。彼らは口をそろえて、留学生たちはみな学業を終えたから召還していただきたい、また大唐国は「法式備定の珍国」であるから常に通交するのが宜しいでしょう、と奏上した。隋の「礼義」の次は唐の「法式」であった。すでに推古朝からこうした認識が共有されており、それゆえ唐の全国統一によって安全が確保されると、すぐさま遣唐使が発遣されたのであろう。

新しい知識人

この推古三一年を端緒として、次々に留学生・留学僧たちが倭国へ戻ってきた。李淵(高祖)による首都大興城の攻略は「無血開城」と呼ぶに相応しいものであったから、おそらくその地で勉学に励んでいた倭人たちは、戦乱にまきこまれることなく王朝交替を乗り越えたと推測される。そして無事に帰国した彼らの経験と学識は、その後の倭国の方向性を決めた。遣隋使の最大の成果は、まさにこの点にあったと言ってもよい。そこでいささか煩瑣になるが、どのような人物が帰ってきたかを確かめておきたい。

まず、推古三一年の帰国者は、留学僧が恵斉《えさい》と恵光《えこう》、留学生が医恵日《くすしえにち》と倭漢直福因《やまとのあやのあたいふくいん》である。このうち入隋年がわかるのは倭漢直福因で、彼は推古一六(六〇八)年に隋使裴世清の帰国に随行した人物であった。留学は足かけ一六年に及んでいる。また、医恵日は第一回遣唐使の一員、薬師恵日その人である。彼は大化新政権においても外交面で活躍する。

次に舒明四(六三二)年、犬上御田鍬の帰国にともない、学問僧霊雲《りょううん》・僧旻《そうみん》・勝鳥養《すぐりのとりかい》が戻った。僧旻もまた推古一六年に派遣された人物で、その記事には新漢人日文《いまきのあやひとにちもん》と見える。実は推古一六年の留学生・留学僧は八人全員が渡来系氏族出身であり、なかでも「漢人」姓をもつ者が六人を占める。まずは外来文化に詳しい渡来系氏族を派遣して、最新の知識と技術を導入するというのが推古朝の方針だったのである。『日本書紀』舒明紀には、僧旻が天文に詳しかったことを示す記事が二つ見え、彼の学識を窺わせる。大化新政権の国博士《くにのはかせ》となることについては、次章で詳しく述べるであろう。また、霊雲は大化元(六四五)年に十師《じっし》となって、改新後の仏教教団運営に尽力することになる。

舒明一一(六三九)年には、新羅使にともなわれて学問僧恵隠《えおん》・恵雲《えうん》が帰ってきた。恵隠の俗名は志賀漢人《しがのあやひと》恵隠、やはり推古一六年の留学僧である。彼は帰国の翌年、舒明が開いた大がかりな斎会で無量寿経《むりょうじゅきょう》の講説を行なった。のち白雉《はくち》三(六五二)年にも内裏《だいり》で無量寿経を説いており、倭国における阿弥陀《あみだ》信仰の普及に大きな役割を果たした僧である。もう一人の恵雲もまた、大化元年に十師となったことが知られる。

そして舒明一二(六四〇)年、学問僧清安《せいあん》と留学生高向漢人玄理が新羅経由で帰国した。ともに推古一六年の入隋者で(二一頁参照)、清安は南淵漢人請安とも書かれる。太宗の「貞観の治」

をずっと見つめてきたこの二人は儒教的知識にすぐれ、大化新政権に思想的基盤をもたらした。高向玄理は政策面にも明るく、僧旻とともに国博士となって、内政・外交の要務に携わっていった。

このように舒明朝には、中国最新の思想や法制を学んだ知識人たちが、次々に飛鳥の都に姿を現わした。これまで述べた点からも明らかなように、彼らの多くは大化新政権に登用されてそれぞれの能力を発揮するのであるが、その影響はすでに大化前代から現われていたに違いない。特に次代を担う若者たちは中国文明を貪欲に求めた。彼らは南淵請安に就いて儒教を、僧旻に就いて『周易《しゅうえき》』を学び、新しい政治思想をわがものとしていった。そうした若者たちのうちに中大兄皇子も、中臣鎌足も、蘇我入鹿もいたのである。

舒明一三(六四一)年の冬、舒明天皇は百済宮でみまかった。宮の北において「百済の大殯」と呼ばれる盛大な葬送儀礼が行なわれ、亡き天皇の治世を讃える誄《しのびごと》を中大兄皇子が奏上した。舒明と皇后宝皇女との間に生まれた中大兄はまだ一六歳だったが、押坂王家を継承する皇子の姿は、人々の脳裏に深く刻み込まれたことであろう。

第二章　大化改新

1　乙巳の変

皇極天皇

六四二年正月、舒明の皇后であった宝皇女が即位し、皇極《こうぎょく》天皇となった。彼女は彦人大兄皇子の孫であり、父を茅渟《ちぬ》王、母を吉備姫《きびつひめ》王といった。『日本書紀』は「皇女」と表記するが、実際には押坂王家に属する「孫王《そんのう》」に過ぎなかった。したがって、血統的には天皇位からかなり遠い人物であったが、有力な皇位継承候補者として山背大兄王・中大兄皇子・古人大兄皇子という三人の「大兄」がおり、上宮王家・押坂王家・蘇我本宗家それぞれの思惑から紛擾が予想されたため、事態を先送りすべく——彼女としては長子中大兄の成人を待つべく——、大后という立場から皇位についたものと考えられる。

『日本書紀』皇極紀によれば、即位後まもなく百済・高句麗から使者が来た。百済使からは宮廷の内紛、また高句麗使からは国王殺害のクーデターが伝えられたというが、実はこれらの記事は年次が間違っており、倭国が情報を得たのは皇極二(六四三)年のことであったと考えられる。それでは、倭国の外でいったい何が起きつつあったのだろうか。

唐の膨張と朝鮮三国

アジアはふたたび激動の時代を迎えていた。唐の太宗は六二八年に中国統一を完遂すると、版図拡大への歩みを開始した。まず、内乱期にしばしば諸勢力と提携し、高祖李淵さえ臣と称した東突厥に対し、李靖《りせい》・李勣《りせき》らの名将に命じて攻撃をかけた。六三〇年、君主の頡利可汗《けつりかがん》が捕らえられて東突厥は滅亡し、モンゴル高原は唐の支配下に入った。ついで軍隊を西に向け、六三五年に青海の吐谷渾を降し、六四〇年には西域の漢人国家高昌《こうしょう》を滅ぼして、タリム盆地のオアシス国家を次々に飲み込んでいった。こうして北方・西方の諸国家が潰え去ると、残るは東方の大国高句麗のみである。太宗は東突厥滅亡の翌年(六三一)に使者を派遣し、高句麗戦役で死んだ隋人の遺骨を集めるとともに、高句麗が立てた京観《けいかん》(戦勝記念塚)を破壊させた。高句麗王は唐の進攻に備えるため、一千余里に及ぶ長城の建設を始める。さらに六四一年には陳大徳《ちんだいとく》が高句麗に遣わされ、国内状況をつぶさに視察した。高句麗王はこのとき高昌滅亡を聞かされ、大いに恐懼《きょうく》したという。かくして唐の高句麗攻撃は秒読み段階に入り、これに呼応して、翌六四二年から朝鮮三国の動乱と権力集中が始まるのである。

まず百済であるが、六四二年七月、前年に即位していた義慈《ぎじ》王は大軍を発して新羅に攻め入り、四〇余城を落として旧加耶地域を占領した。さらに高句麗と連携して党項《とうこう》城(現京畿道《キョンギド》華城《ファソン》市《シ》)を攻撃し、新羅から唐への交通路を絶とうとした。ついで大佐平《だいさへい》(首席大臣)であった沙宅《さたく》智積《ちしゃく》を辞任させ、さらに翌六四三年正月に王の母が死去すると、扶余豊《ふよほう》(豊璋《ほうしょう》・翹岐《ぎょうき》)を太子位から退けて、その弟禅広《ぜんこう》(塞上《さいじょう》)・叔父忠勝《ちゅうしょう》・沙宅智積ら四十余人とともに「質」として倭に赴かせた。これが先に述べた百済宮廷の内紛である。扶余豊一行は正式の百済使であったが、実情としては百済王権から排斥されて倭に留めおかれ(百済人はこれを「島に放逐された」と言っていた)、倭王権との同盟を維持しながら、旧加耶地域領有の承認を得るための具とされたのである。こうして義慈王の専制権力はいよいよ強化されることになった。

次に高句麗の動きを見ると、党項城攻略を百済から要請された直後の六四二年九月(または一〇月)、大臣位にあった泉蓋蘇文《せんがいそぶん》(伊梨柯須弥《いりかすみ》)がクーデターを起こし、栄留王《えいりゅう》および高臣一八〇人余りを殺害した。そして新たに宝蔵王《ほうぞう》を擁立し、みずからは莫離支《ばくりし》となった。莫離支は唐で言えば兵部尚書《へいぶしょうしょ》と中書令《ちゅうしょれい》を兼ねたような官職とされ、要するに蓋蘇文は軍事権・行政権を総覧する独裁権力を獲得したのである。唐はこの政変を六四二年一一月に知り、宝蔵王を冊封するとともに新羅を攻めないよう説諭したが、蓋蘇文はこれを拒絶した。そこで唐の太宗は六四四年から戦争準備に入り、一〇万の兵を召集して、翌六四五年夏から総攻撃を開始した。高句麗は数々の要城を落とされたがよく耐えしのぎ、遼東まで親征してきた太宗を退却させた。唐の侵攻は六四七年・六四八年にも繰り返されたが、太宗の死没によって戦役は終わり、泉蓋蘇文の専権は揺らぐことがなかった。

新羅は六四二年、百済の攻撃を受けて重大な危機を迎えた。そこで同年冬、王族の金春秋《きんしゅんじゅう》が高句麗に救援を請うたが、かえって抑留されてしまう。翌六四三年、今度は唐に高句麗・百済の侵略を訴え、出兵を請うたところ、二つの軍事作戦のほかに、女王を廃して唐の王族を即位させてはどうかという案が示された。しかし、新羅はすぐに対応できない。そうこうするうちに唐の高句麗遠征が始まったため、新羅はこれに協力し、さらに六四五年冬には唐依存派の毗《ひ》曇《どん》が上大等《じょうだいとう》(貴族合議体の首座)に就いた。毗曇は六四七年、善徳《ぜんとく》女王の退位を掲げて挙兵し、敗死する。この「毗曇の乱」を鎮圧したのが親唐自立派の金春秋・金庾信《きんゆしん》で、彼らは新女王(真《しん》徳《とく》王)を擁立し、行政と軍事を分掌しながら国政を握った。春秋は六四八年、朝貢使として唐に赴き、太宗に拝謁して巧みな外交を行なった。彼の指導のもと、新羅は唐制を取り入れた国家整備を進めていった。

このように朝鮮三国は、唐の軍事的圧力を受けることにより、それぞれの形態で権力集中をはかった。朝鮮半島では戦争と政変が相次いだが、倭国にとっても決して「対岸の火事」ではなく、アジア情勢に対応するため、新たな道を探らねばならなかった。

上宮王家の滅亡

倭王朝が高句麗の宮廷クーデターを知ったのは、皇極二(六四三)年晩夏のころと考えられる。大臣による国王暗殺と専権確立の情報は、有力な王族が分立し、権力が拡散しがちだった倭の支配層に強烈な刺激を与えたことであろう。

権力闘争の先手をとったのは蘇我氏である。繰り返しになるが、皇極即位時には上宮王家の山背大兄王、押坂王家嫡流の中大兄皇子、押坂王家でも蘇我氏の血を受けた古人大兄皇子が次の天皇候補者であった。しかし、中大兄はまだ一七歳で成人していなかったから、さしあたっては問題にならない。蘇我氏としては古人を天皇として擁立したいところであるが、山背も依然として有力な即位候補であったと考えられる。舒明即位後の上宮王家の動向はほとんどわからないものの、聖徳太子から壬生部を相続したことだけは確実であり（上宮乳部）、山背大兄王は皇太子レベルの政治力・経済力を保持していたのである。

『日本書紀』によれば、皇極二（六四三）年冬、蘇我入鹿が「上宮王らを廃し、古人大兄を立てて天皇とせん」と謀り、巨勢徳太《こせのとこだ》・土師娑婆連《はじのさばのむらじ》に命じて斑鳩宮を急襲させた。大臣蘇我蝦夷は病気がちの人物で、このころも王宮に出仕していなかったが、長子の入鹿は有能な人物であったらしく、みずから上宮王家討滅を計画し、これを果断に実行したのである。斑鳩宮では上宮王家の舎人《とねり》たちが応戦し、その隙に山背大兄はキサキ・子弟を連れて生駒山《いこまやま》に隠れた。やがて斑鳩宮は炎上する。山中において従者の三輪文屋《みわのふみや》は、深草屯倉《ふかくさのみやけ》を経て東国に逃れ、壬生部主体の軍を編成するよう勧めた。山背は民を哀れんで聞き入れなかった、という話になっているが、ともあれ彼の権力基盤が王家領（壬生部と屯倉）であったことだけはよくわかる。数日後、上宮王家一族は斑鳩寺に戻り、兵に包囲されながら、もろともに自殺した。王族・キサキで生き残った者は一人もいなかった。

これが『日本書紀』の語る上宮王家滅亡事件である。ただ、平安前期に成立した『聖徳太子伝補闕記《ほけつき》』には少し違ったことが書いてある。悪逆の計略をなしたのは蘇我蝦夷・蘇我入鹿・茅渟《ちぬ》王の子軽《かる》王(皇子)・巨勢徳太・大伴馬養《おおとものうまかい》・中臣塩屋枚夫《なかとみのしおやのひらふ》の六人、罪なく殺された王族は山背大兄王以下二三人なのだという。この書物は『日本書紀』などの太子伝に飽きたらず、上宮王家と深い関係にあった調使《つきのおみ》氏・膳氏の記録を参考にして撰述されたものだから、それなりに信頼できる。上宮王家の死者二三人のリストには粛然たる思いがするが、その一方で計画者六人の顔ぶれはまことに興味深い。入鹿の父蝦夷も関わっている。巨勢徳太・大伴馬養は大化五(六四九)年に左右大臣となった人物であるし、軽王というのは皇極天皇の兄弟にして、改新政権の頂点に立った孝徳天皇その人ではないか。もし『補闕記』が史実を伝えているなら、この事件は蘇我入鹿の独断専行ではなく、倭国の有力王族・豪族が結束して起こしたものということになろう。

しかし残念ながら、どちらが正しいか、真実は藪の中にある。さらによくわからないのは、上宮王家滅亡以後の倭王朝の動向である。『日本書紀』は蝦夷・入鹿の専横ばかりを書き立て、彼らの滅亡を必然のこととする。闘争に勝った蘇我氏が強権を握ったのは事実だろうが、肝心の古人大兄皇子については何の記事もなく、天皇位に就いたことも確認できないのである。変異と予兆に満ちた皇極紀、その背後の史実はいかなるものであったのか。

蘇我本宗家の滅亡

皇極四（六四五）年六月一二日、飛鳥板蓋宮《いたぶきのみや》において蘇我入鹿が暗殺された。この日は朝鮮三国が「調」を貢上する儀礼があり、板蓋宮正殿には皇極天皇が出御して、古人大兄皇子や蘇我入鹿が見守るなか、蘇我倉山田石川麻呂《くらのやまだのいしかわまろ》が上表文を読み上げた。それが終わりに近づいたとき、突如として中大兄皇子が乱入し、佐伯子麻呂《さえきのこまろ》とともに入鹿の頭や肩、さらに足を斬った。驚愕する皇極に対し、中大兄はクーデターの正当性を述べ、子麻呂らに命じて入鹿を斬殺した。古人大兄皇子は自分の宮に逃げ帰り、固く門を閉ざした。中大兄がすぐさま飛鳥寺を接収して軍営とすると、王族・豪族はこぞって集結してきたという。

血と泥にまみれた入鹿の遺体は、甘樫丘にあった蝦夷の邸宅（図2-1）に送られた。蘇我氏に仕える東漢氏一族は徹底抗戦を唱えたが、中大兄の使者となった巨勢徳陀（徳太）の説得をうけて逃散してしまう。そして翌一三日、蝦夷はその邸宅で自殺した。蘇我本宗家、すなわち馬子―蝦夷―入鹿と続いてきた蘇我氏の嫡流は、こうしてあっけなく滅び去ったのである。

『日本書紀』『藤氏家伝』によれば、この計画の黒幕となったのが中臣鎌足であった。鎌足は軽皇子・中大兄皇子・蘇我倉山田石川麻呂らを結びつけ、佐伯子麻呂と稚犬養網田《わかいぬかいのあみた》を実行部隊に選んで、政変を成功に導いたとされる。事件の後、皇極天皇は退位し、軽皇子が天皇（孝徳）、中大兄が皇太子となり、また阿倍内麻呂《うちまろ》（倉梯麻呂）と石川麻呂が左右大臣、鎌足が内臣《うちつおみ》に就任した。一方、古人大兄皇子は当然のことながら失脚し、飛鳥寺で僧形になって吉野に退去した。九月になって古人は「謀反」のとがで殺害されるが、それがこの宮廷クーデター「乙巳《いっし》の変」の終幕となった。

ここで改めて権力中枢の推移を整理すると、〈皇極天皇─古人大兄皇子─大臣蘇我蝦夷・入鹿〉から〈孝徳天皇─中大兄皇子─左右大臣・内臣〉へと転変した、と把握できる。この図式からは上宮王家滅亡後、蘇我本宗家の後押しを得て、古人大兄が皇太子のような地位を獲得していたことが読みとれる。また、皇極もほとんど蘇我氏の傀儡《かいらい》であったからこそ、退位せざるを得なかったのではなかろうか。『日本書紀』は皇極が中大兄に譲位しようとし、中大兄は鎌足に教えられて軽に譲り、軽はさらに古人に譲ったが、古人の出家によって軽が即位したと記している。ほとんど信じがたい話であり、皇極の「史上初の譲位」を過大評価するのも禁物であろう。それは事実上の「廃位」だったからである。一方、軽皇子はもともと皇位から遠い人物だったが、皇極の同母弟ということもあり、王族の中でそれなりに重んじられていた。そのことは皇極元(六四

図 2–1　甘樫丘東麓遺跡の石垣
(蘇我氏邸宅跡の可能性がある)

二)年一二月、舒明への誄《しのびごと》の任にあった事実から明らかである。彼は中大兄よりも年長の王族として、政治的な意志・力量を備えて即位したと考えるべきであろう。

振り返れば、上宮王家の滅亡は高句麗・百済の政変の直後、蘇我本宗家の滅亡は唐による高句麗攻撃のさなかの事件であった。緊迫する軍事情勢に対応して朝鮮三国は権力集中を進め、倭国でもこれに連動するように政変が相次いだ。舒明朝以来、上宮王家・押坂王家・蘇我本宗家という権力の三極構造が続いてきたが、まず上宮王家が、ついで蘇我本宗家が暴力的に退場せしめられ、わずか一年半で権力一元化が達成されたのである。

2　改新のプログラム

新政の始動

六四五年六月一四日、孝徳天皇の即位、中大兄皇子の皇太子就任、そして左右大臣・内臣・国博士(僧旻・高向玄理)の任命によって、新しい政権が成立した。一九日、天皇・皇祖母(皇極)・皇太子は飛鳥寺西の大槻《おおつき》の下に群臣たちを集め、新政権への忠誠を誓わせた。この日、倭国最初の公式年号「大化」が定められたと『日本書紀』は記している。一般に「大化改新」と呼ばれる体制変革は、この政権によって遂行されるのであるが、クーデター以前から明確なプログラムが用意されていたかと言えば、いささか疑問を感じざるを得ない。新体制への動きがなかなか始まらなかったからである。一カ月が経った七月半ば、左右大臣に執政の訓戒が示され、大夫や伴造たちの意見が聴取された。そして八月初めに東国国司《とうごくこくし》が任命され、ようやく新政への基礎作業が始められることになった。

東国国司は八グループにわかれ、東海・東山《とうさん》・北陸の諸国に派遣された。彼らの使命は人民・土地の調査を行なうこと、兵庫《ひょうご》を造って武器を集めることであった。同じ日、「倭国《やまとのくに》六県《むつのあがた》」と呼ばれた王権膝下の地、高市《たけち》・葛木《かずらき》・十市《とおち》・志貴《しき》・山辺《やまのべ》・曾布《そふ》でも人民・土地調査が命じられた。東国と倭国六県は王権にとって最重要地域と見なされ、真っ先に現況調査が始められたのであろう。さらに九月、改新政権は各地に使者を派遣し、やはり兵器の収集と人民の調査を命じた。その詔では部民制の弊害を述べるとともに、豪族による大土地所有を糾弾しており、同時に土地調査も行なわれたと考えられる。こうして八月から九月にかけて、「第一次国司」と呼ぶべき使節団が全国に派遣され、民政・軍政にわたる改革の基礎作業を行なったのである。

孝徳や中大兄を支えたのは、クーデター勝利による権力集中であった。それをはっきりと表現したのが、彼らのもとに集積された空前の数の部民である。律令制度では国家反逆者の財産はみな朝廷に没収される決まりで、これを「没官《もっかん》」と言ったが、同じような財産没収は大化前代にも行なわれていた。例えば、用明二(五八七)年に滅亡した物部守屋の部民・田荘《たどころ》の半分は、聖徳太子ゆかりの四天王寺に施入されたという。このたびは上宮王家・蘇我本宗家、さらに古人大兄皇子が次々に滅びたから、彼らの莫大な財産は最終的に王権へと集約され、その中心をなすのが部民だったのである。部民の租税は秋から冬にかけて貢納されたと考えられるが、改新政権による人民調査はちょうどその季節に行なわれた。膨大な物資と労働力をコントロールしながら、いよいよ改新のプログラムが始動する。

部民制の廃止

大化二(六四六)年三月、皇太子中大兄は孝徳天皇に上奏した。臣・連・伴造・国造がもつ部民(子代入部《こしろのいりべ》)、皇子たちがもつ部民(御名入部《みなのいりべ》)、中大兄がもつ部民(皇祖大兄《すめみおやおおえ》御名入部＝刑部)、およびそれぞれの屯倉を従来通り置くべきかどうか、と孝徳から諮問された中大兄は次のように答えた。——国家に二人の王はおりませぬ。天下を併せもち、人民を使役できるのは天皇のみでございます。それゆえ私の部民と屯倉は、別に許された分を除き、すべて天皇に献上いたします、と。かくして中大兄は、押坂王家が伝領してきた刑部とその支配のための屯倉について、一切の支配権を放棄した。

この「皇太子奏」によって献上された刑部は、すでに述べたように一万五〇〇〇戸を越えたと推定され、貢上された労働力(仕丁《しちょう》)だけで五二四人もいた。屯倉は一八一カ所に上ったという。では何故、このようなことが行なわれたのか。それは王族・豪族が支配する部民のすべてを取り上げるための政治的演出であった。部民制の廃止こそが大化改新の中核をなしており、中大兄が率先垂範して地ならしを行なったのである。孝徳天皇は前代の三大勢力（押坂王家・上宮王家・蘇我本宗家）の部民をみな継承することになり、その領民は全人口の何割かを占めた可能性がある。

半年後の八月一四日、部民廃止の詔が発令された。国家が乱れる原因はすべて部民制にあるから、天皇から始めて臣・連に至るまで、所有する品部《しなべ》（さまざまな部民）をことごとく廃止して「国家民」とせよ、との厳命であった。同趣旨の他史料では伴造・国造・村首《むらのおびと》も部民所有を否定されており、要するに支配層が領有するすべての部民が国家民、つまり公民へと転換されたわけである。ただし、臣・連から村首に至る支配層は、それぞれの部民から物資・労働力を収奪することにより、中央・地方において公的職務を果たしていたから、部民制廃止は彼らの奉仕のあり方にも影響を及ぼすことになる。改新政権はこの点にも注意深く言及し、古い政治組織を廃止して新しく百官を設けること、位階制を発足させて叙任することなどを宣言した。つまり、部民制およびそれと不可分一体の官職制度を捨て去り、公民制と官僚制を一挙に創出しようというのである。

さらに詔は続く。昨年の土地・人民調査をうけ、ふたたび全国に派遣されることになった国司たちに対し、①調査した土地を均分して与えよ、②租税として「男身の調《だんしん》」を収めよ、③仕丁は五十戸ごとに一人徴発せよ、④国々の堺について報告せよ、⑤池溝の開発を進めよ、といった条項が命じられた。やはり同趣旨の他史料によれば、②は田の面積に応じて課税される「田《た》の調」と、戸ごとに賦課し五十戸・百戸・二百戸単位にまとめられる「戸別《こべつ》の調」の総称と考えてよい。③はそれまで三十戸に一人徴発していたのを改めたものである。戸・五十戸を単位とする人民支配、そして開発を伴う土地支配が「第二次国司」に命ぜられ、地方行政の抜本的変革がめざされたことが知られる。

このように大化二年秋に至って、改新政権は部民制廃止を断行し、中央・地方の制度全般を改革して、公民制と官僚制を二本柱とする新体制に移行することを宣言した。第一次国司派遣と皇太子奏の成果をうけ、ようやく具体的なプログラムが示されたのである。

ただ、あまりにラディカルな変革ゆえ、うまく軌道に乗るかどうかは未知数であった。翌大化三(六四七)年四月の詔では、新しい方策を順次命じていくつもりだが、それを待てないで旧制にこだわる臣・連・伴造・国造がいるので、しばらく部民からの貢納物を与えようと述べている。部民制廃止に抵抗する支配層を懐柔しようというわけである。しかし、やがて新制度の進展とともに抵抗も薄らいでいった。以下、公民制・官僚制それぞれの側面から、さらに大化改新のプロセスをたどってみたい。

倭国の旧体制のもとで、部民支配の拠点となったのは屯倉と呼ばれる施設であった。皇太子奏から推算すると、刑部では八〇～九〇戸に一つの屯倉があったことになり、すべての部民を支配するには膨大な数の屯倉が必要だったはずである。屯倉はこのほか、土地経営や交通・軍事などの拠点施設として設けられたが、やはり部民を支配するための屯倉が最も一般的であり、全国各地にきめこまかく置かれていたと考えられる。

公民制の創出

大化改新によって部民制から公民制への転換が図られると、それまでの屯倉に代わる新しい地方行政組織が必要になった。そこで〈国―評―五十戸〉という上下三段階にわたる公民支配機構が置かれ、それぞれは地方行政区画としても機能した。

下から順に見ていくと、まず五十戸は「サト」と読まれ、調の徴収や仕丁徴発の基準となるなど、公民支配の土台を形作った。おそらく大化元年の「第一次国司」が戸を単位として部民の調査を行ない、それをベースとして公民の戸、さらに五十戸が編成されたのであろう。もっとも天智朝以前の五十戸については、これを部民の支配単位と見る学説が有力であって、改新を経ても豪族の部民支配はゆるがず、五十戸編成はまず部民から始まったと考えられてきた。しかし二〇〇二年、飛鳥の石神遺跡で「三野国ム下評大山五十戸」と書かれた乙丑年《いっちゅう》(天智四年、六六五)の荷札木簡が出土したことにより(図2－2)、この学説には見直しが必要となった。律令公民制に直結する庚午年籍《こうごねんじゃく》(三章参照)以前に、部民とは無関係な五十戸が存在したこと、そ

図2-2　大山五十戸木簡

れが国―評に管轄されていたことが判明し、大化改新によって「公民の五十戸」が創出されたことが史実として認定できるようになったのである。『常陸国《ひたちのくに》風土記』でも、孝徳朝の里(五十戸)は郡(評)の下級単位とされており、やはり大化の五十戸は公民支配システムと考えるのが自然である。

次に評は「コホリ」と読まれ、大宝令以後の郡につながる地方行政組織であった。全国に評が置かれたのは大化五(六四九)年のことで、『皇太神宮儀式帳』はこれを「天下立評」と表現している。また『常陸国風土記』によれば、新治《にいはり》・筑波《つくば》・茨城《いばらき》・那賀《なか》・久慈《くじ》・多珂《たか》という六つの「国造のクニ」が大化五年に評に改められ、さらに白雉四(六五三)年には一一の評に分割・再編された。その後も各地で評の分置が行なわれたが、律令体制下の法令がみな立郡を「難波朝廷」の事績とするように、評の制度は大化改新によって始まり、難波に王宮を置いた孝徳朝のうちに大枠が定まったと考えてよい。「立評」とは評家《ひょうけ》(コホリノミヤケ)を建てて公民支配の拠点を形作ることであり、国造が行なうことも少なくなかった。しかし、約五〇〇と推定される初期の評のうち、国造がその官人となったのは三分の一程度にすぎず、むしろ新興の中小地方豪族が登用されることが多かったらしい。

さらに『常陸国風土記』によれば、坂東《ばんどう》はかつて「我姫《あずま》国」と呼ばれていたが、孝徳朝に八国(のちの相模《さがみ》・上総《かずさ》・下総《しもうさ》・常陸・上野《こうづけ》・武蔵《むさし》・下野《しもつけ》・陸奥《むつ》)に分かれたという。各国には中央政府から国司(国宰《くにのみこともち》)が派遣され、評を統べ治めたと考えられるが、その時期は孝徳朝の後半、白雉年間であろうと推測されている。おそらく天下立評からさほど遅れずして、倭の全領域に令制国につながる「国」が置かれたのであろう。また、国宰が任国のなかを巡行し、新しい支配体制を貫徹していくためには財源が必要であった。このため評家に出挙《すいこ》の稲が置かれ、それが八世紀には「郡稲《ぐんとう》」と呼ばれたと考えられる。郡稲は地方豪族の伝統的支配を担保するもののように理解されがちであるが、大化改新によって発足した〈国―評〉支配の財政的基盤と考えるのが妥当であろう。

このように〈国―評―五十戸〉による公民支配は、大化五年を制度的出発点とし、孝徳朝の末年まで整備が続けられた。大化の新税制もそれとともに始動し、中央政府の経常支出のほか、さまざまな造営事業や戦争遂行に用いられた。

官僚制の創出

大化二(六四六)年八月の詔で予告したとおり、改新政権は官司機構と位階制を革新していった。ともに律令官僚制に受け継がれる、画期的なシステム変更であった。

まず位階制であるが、大化三年に十三階冠位制、大化五年に十九階冠位制があいついで施行された。表はその後の制度変更も含めて、最も信頼できる黛弘道・虎尾達哉説にもと

	小智 大智	小義 大義	小信 大信
建武（立身）	小黒	大黒	小青
立身	小乙 下 上	大乙 下 上	小山 下 上
小建 大建	小乙 下 中 上	大乙 下 中 上	小山 下 中 上
	進 大広肆 大広参 大広弐 大広壱	追 大広肆 大広参 大広弐 大広壱	務 大広肆 大広参 大広弐 大広壱
	初位 少 下 上 大 下 上	八位 従 下 上 正 下 上	七位 従 下 上 正 下 上

づき、冠位十二階からの継承関係を示したものである（図2-3）。

大化三年制では、冠位十二階を大錦《きん》・小錦・大青《しょう》・小青・大黒《こく》・小黒の六冠に縮約し、その上位に大織《しょく》・小織・大繡《しゅう》・小繡・大紫《し》・小紫の六冠を、下位に建武《けんむ》（立身）冠を置いた。この措置によって臣下の全階層に冠位が与えられるようになり、評官人などの地方有力豪族もその対象とされたと推定される。さらに大化五年制では、錦冠・青冠・黒冠からなる中級の六冠位に手が加えられた。例えば大錦

推古一一年				大徳 小徳	大仁 小仁	大礼 小礼
大化三年	大織 小織	大繡 小繡	大紫 小紫	大錦	小錦	大青
大化五年	大織 小織	大繡 小繡	大紫 小紫	大花 上 下	小花 上 下	大山 上 下
天智三年	大織 小織	大縫 小縫	大紫 小紫	大錦 上中下	小錦 上中下	大山 上 中 下
天武十四年	正 大広壱 大広弐 大広参 大広肆			直 大広壱 大広弐 大広参 大広肆		勤 大広壱 大広弐 大広参 大広肆
大宝元年	正従一位	正従二位	正従三位	正 従 四位 上下 上下	正 従 五位 上下 上下	正 従 六位 上 下 上 下

図 2-3　冠位制の変遷

を大花上《だいかじょう》・大花下《だいかげ》に二分したように、花《か》冠・山《せん》冠・乙《おつ》冠という書きやすい冠名に改めるとともに、各冠位を上下に分割したのである。一見、中級冠位が冠位十二階の枠組みに戻っただけのようであるが、中下級官人が総体として厳しく序列化されるようになったことの意義は大きい。

こうして冠位十二階は二度にわたって改訂され、幅広い階層を厳密に序列化する、新しい官僚組織にふさわしい位階制が発足した。この枠組みはさらに幾度かの改訂を経て大宝令制に定着し、明治まで襲用されていくことになるのである。

十九階冠位制が施行されたのは大化五(六四九)年二月であったが、同じ月、国博士の高向玄理と僧旻は詔をうけ、「八省百官」を置いた。八省の制は大宝令で始まったから、ここには明らかに文飾があるが、位階制との連動という点からすれば、予告どおり中央官司機構が制度化されたものと考えられる。大化五年には「天下立評」も行なわれており、中央と地方の双方において官僚組織が始動したことになる。

孝徳朝の中央官制については、将作大匠《しょうさくだいしょう》・刑部尚書《ぎょうぶしょうしょ》・衛部《えいぶ》・祠官頭《しかんのかみ》などの官職があったことがわかっている。官名は中国直輸入という印象があるが、その一方で軍事氏族物部氏が衛部に任じられたように、実態としては古い朝廷組織が生き残っている部分もあった。しかし、忌部《いんべ》氏が就いた祠官には「叙王族、宮内礼儀、婚姻、卜筮事」という明確な職掌があり、おそらく「頭」を長官とする三等官制がとられていた。八省百官は確かに新しい要素をもっていたのである。よく考えてみれば、天下立評とともに公民制が始動したことにより、王族・豪族の家産組織が部民を支配するのとは異なった、統一的な国家的業務が必要になったはずである。例えば、帳簿による公民の把握、全国から貢納されてきた租税・労働力の管理と分配、官人の勤務管理などである。こうした業務は徐々に整備されながら律令官司制に継承されていくのであって、いかにプリミティブであったとしても、大化の八省百官の革新性は正しく評価される必要があるだろう。

大化改新詔

改新のプログラムが実行されていく過程は、このように大化二(六四六)年八月詔で宣言されたプランが、大化五年に体系的な制度として実施され、孝徳朝を通じて整備されていくというものであった。こののち七世紀後半を通じて律令体制が形成されていくが、その基軸は公民制と官僚制という二つのシステムであり、両者を始動させた大化改新は、まさしく律令体制の起点として評価されねばならない。

ここで問題となるのは、それより早い大化二年正月一日に発布されたという大化改新詔である。『日本書紀』が詳述する「改新之詔」は四箇条からなり、①部民・屯倉の廃止、②地方政治組織の改革、③籍帳制と班田《はんでん》収授法の創始、④税制の改革、について規定している。かつては改新詔が疑われることはなく、詔文どおりの改革が進められたと考えられたが、一九六〇年代には大宝令文による潤色があることが確実となった。さらに改新詔の眼目と言うべき第一条について、その存在自体を疑う「大化改新否定論」が提唱され、活発な議論を呼び起こした。大化改新を高く評価しない研究者は、今でもかなり多い。

しかし、改新詔を取り除いて『日本書紀』孝徳紀を読むなら、公民制・官僚制の創出過程はきわめて自然に理解でき、『常陸国風土記』などの諸史料とも矛盾しない。全体が虚構であるとはとても言えないのである。むしろ大化改新詔だけが夾雑物であり、かつて岸俊男氏が看破したとおり、それは「改新の趨勢がその中に集約表現」された記事と考えるべきである。こうした観点から、本書では改新詔を「同趣旨の他史料」として部分的に利用するにとどめた。もっとも、大化年間に国家体制の抜本的変革が行なわれたとする点で、『日本書紀』の認識・叙述は基本的に正しいと考えられる。

この点に関し、改めて強調しておきたいのは、改新否定論が『日本書紀』の内部批判に基づくものであったのに対し、現在ではもっとダイレクトに七世紀史を知る手がかりが存在することである。それは近年大量に出土した七世紀木簡であり、精密な調査研究がなされた王宮遺跡である。その意義は徐々に述べていきたいと思うが、文献史学と考古学の連係が大化改新研究を新しい段階に導いたことは、まぎれもない事実なのである。

3　遷都とイデオロギー

難波への遷都

大化改新の主な舞台は、血塗られた飛鳥ではなかった。畿内の大河がそろって大阪湾に注ぎ込むところ、はるかに波音が聞こえ、潮の香りのする難波の地を改新政権は選んだ。

『日本書紀』は大化元(六四五)年一二月、孝徳が「難波長柄豊碕《なにわのながらのとよさき》」に都を遷したと記すが、これは明らかに文飾である。難波長柄豊碕宮が完成するのは白雉三(六五二)年九月のことで、それまでは小郡宮《おごおりのみや》という王宮が用いられた。小郡宮は子代離宮《こしろのかりみや》とも呼ばれ、難波にあった屯倉(小郡)を改修したものである。クーデターから半年が経ち、「第一次国司」が派遣されている間に改新政権は難波に赴き、王都とすることを宣言したのである。翌大化二(六四六)年二月、いったん飛鳥に戻ったのは、小郡宮の改造工事が本格化したためであろう。やがて部民廃止詔によって改新プログラムが始動すると、九月にふたたび難波行幸があり、それ以後、王権が難波を離れることはなかった。小郡宮は朝庭と庁(朝堂)をもつ本格的王宮に生まれ変わり、日々の政務のほか、元日朝賀や大射《たいしゃ》を始めとするさまざまな儀礼が行なわれた。大化三年には「礼法」が制定され、官人たちが王宮に参上・侍候する作法が決められた。のちに「難波朝廷の立礼」と呼ばれる中国風の儀式作法である。

小郡宮全体が竣工したのは大化三年、おそらく礼法制定の前後のことである。王宮周辺では水路の開削もなされ、難波は王都としての体裁を備え始めていた。そもそも難波遷都には、王族・豪族たちを大倭《やまと》から引き離して権力基盤を弱め、新天地において王権の下に結集させるという明確な目的があった。大化の新政権はともかくも遷都をなしとげ、集権的な改新政治を進める舞台をしつらえたのである。

ついで大化五(六四九)年、中央・地方にわたる体系的制度の発令と前後して、難波遷都は第二段階に入った。小郡宮は現在の大阪城の北、大川（難波堀江）に面した低地にあったが、新たな王宮が大阪城から南にのびる上町《うえまち》台地上に建設されることになった。上町台地は難波の脊梁をなす平坦な台地で、古代には「味経《あじふ》の原」と呼ばれていた。その北部を大規模に整地し、新しい王宮を造営し始めたのは、大化五年の秋から冬にかけてであったと見られる。翌白雉元（六五〇）年の元日朝賀はこの「味経宮《あじふのみや》」建設現場で行なわれ、政権の意気込みが示された。一〇月には殿舎の建築にかかり、一年余りで内裏・朝堂院などの中枢施設が竣成した。白雉二年の大晦日、味経宮では王宮安穏を祈るための読経がなされ、夜には二七〇〇余の燈火が朝庭にゆらめいた。そのなかを孝徳天皇は遷居し、新宮に「難波長柄豊碕宮」という嘉号（めでたい名前）を与えた。翌白雉三年九月、王宮全体が完成した。宮殿のさまは筆舌に尽しがたい、と『日本書紀』はその偉容を讃えている。

このように難波遷都は〈小郡宮→難波長柄豊碕宮〉という二段階を踏んで行なわれた。二つの王宮の建設はそれぞれ大化二年・五年に始まったと考えられ、大化改新のプロセスとみごとに連動していたのである。

難波宮の遺跡

難波長柄豊碕宮の遺跡は確定している。大阪城の南にある難波宮跡の下層遺構（前期難波宮）である。地下鉄谷町四丁目駅からすぐのところに遺跡公園が整備されているが、むしろJR森ノ宮駅から歩いたほうが、遺跡の広がりや上町台地の地形がよくわかる(図2－4下)。

改札を出て中央大通を西へ、ゆるやかな坂を一〇分ばかり上ると、大通の北側にKKRホテルが見えてくるが、この辺りが前期難波宮の東限らしい。大阪市教育会館の傍らには「東方官衙」が保存されている。道は平坦になり、やがて左手に広々とした遺跡公園が見えてくる。二時期にわたる遺構が表示され、奈良時代の大極殿《だいごくでん》基壇が復原されているが、前期難波宮はこの公園内に朝堂院があり、内裏は大通から北にあった。法円坂交差点の向こうには大阪歴史博物館がそびえ、充実した展示がなされている。「西方官衙」があった場所である。一〇階の展示室からは、遺跡の調査・保存に尽力した山根徳太郎氏の銅像とともに、難波宮跡を眺めることができる。博物館から西は下り坂になっていき、それが難波宮の西限を示すごとくである。

ここで図を見ながら、前期難波宮の構造を確認しておこう(図2－4上)。王宮の範囲は未確定であるが、東西は六〇〇メートル以上あり、南北はさらに長かったと考えられる。中央には内裏・朝堂院が南北に並ぶ。朝堂院は東西二三三メートル、南北二八一メートルという大空間で、広々とした朝庭のまわりに一四棟以上の朝堂が建つ。朝堂院北端には東西に八角殿があるが、その中間に内裏南門が開き、ここから北が内裏になる。興味深いのは、内裏本体と朝堂院が「内裏前殿区画」によって連結され、その中央に建つ内裏前殿が、内裏後殿と臍《へそ》の緒のような回廊で結ばれていることである。伝統的王宮の「大殿」が二つに分裂し、前殿は朝堂院の正

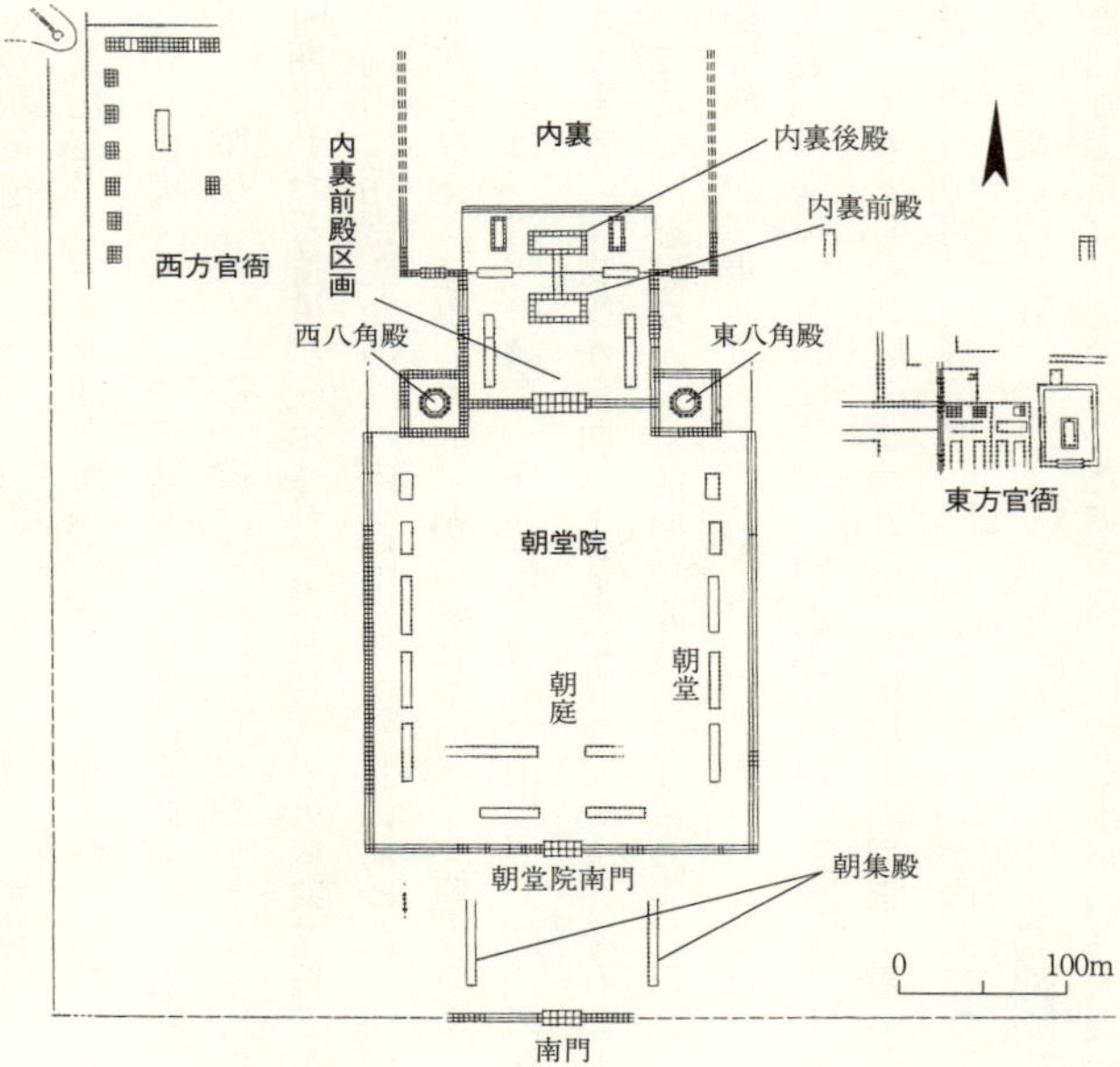

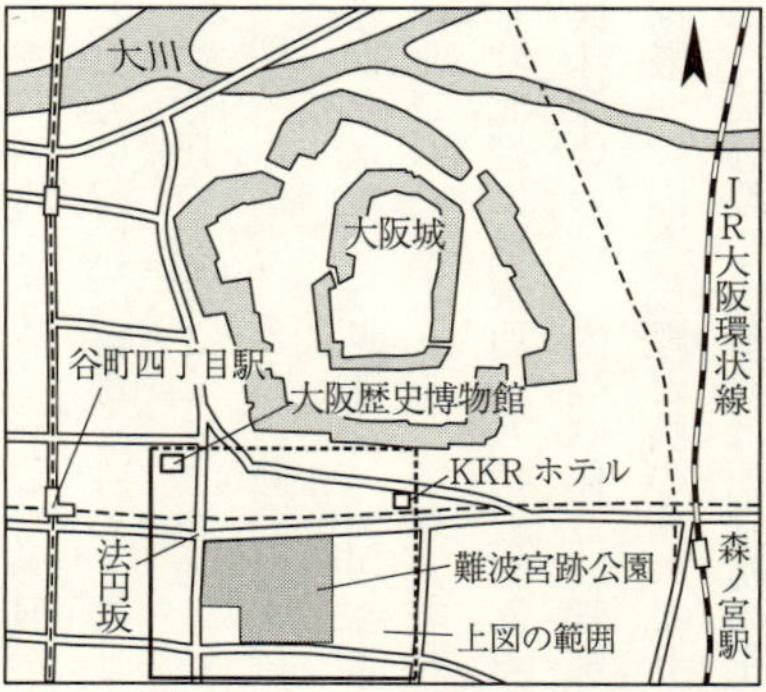

図 2-4　難波長柄豊碕宮の遺構図

殿、後殿はよりプライベートな内裏殿舎となったのであろう。この内裏前殿がやがて大極殿に成長していくのである。一方、朝堂院の南には長大な建物（朝集殿）があり、その外側に宮全体の正門が建つ。さらに注目すべきは、先にも少しふれたように、内裏・朝堂院の東西で官衙（役所、曹司《そうし》）が見つかっていることである。東方官衙は規則的に配置された建物群で、東端には回廊のめぐる特異な殿舎がある。西方官衙は倉庫群であり、『日本書紀』が言う「難波の大蔵」と考えられる。倉庫群の北西には水利施設が設けられていた。その近くから「戊申《ぼしん》年」（大化四年、六四八）の紀年をもつ木簡が発見され、前期難波宮が孝徳朝の遺構であることを改めて証明した。

前期難波宮＝難波長柄豊碕宮はこのような巨大施設であった。大化前代の王宮と比べると、数倍の大きさだったのではなかろうか。飛鳥の小盆地ではとうてい建設できず、難波の地において、改新政権の強大な力によって初めて生み出されたものであった。その規模は二つの革新的要素によるところが大きい。一つは広大な朝堂院、もう一つは数多くの官衙である。朝堂院の中庭（朝庭）は臣下が列立する国家的儀礼の空間として、それを取り囲む朝堂は「八省百官」の侍候・政務の場として、それぞれ十分なスペースが必要であり、そのため朝堂院全体が巨大化したのであろう。一方、官衙は「八省百官」が実務を行なう施設であったが、大化前代の王宮にはこうしたものは存在しなかったはずである。部民支配は王族・豪族の家政機関で分散して行なわれていたが、改新によって公民支配に関わる職務が王宮へと集約され、そのため多数の官衙群を生み出したと推定される。つまるところ、難波長柄豊碕宮は官僚制・公民制の中枢施設として設計され、それゆえ未曾有の偉容をもつことになったのである。大化改新が現実に行なわれたこと、そのプランが革命的であったことを、前期難波宮の遺跡ははっきりと示している。

仏教イデオロギー

難波長柄豊碕宮にはもう一つ斬新な部分があった。仏教との深い関係である。

孝徳天皇が初めて豊碕宮に遷ったとき、読経・燃燈という仏教儀礼が行なわれたが、実はこれこそ倭国の王宮で行なわれた史上初の仏事であった。公伝から一世紀、飛鳥寺の創建から半世紀を経て、仏教はついに王宮内部に入り込んだのである。その後も難波宮ではしばしば仏教法会が催され、やがて大津宮《おおつのみや》や浄御原宮《きよみはらのみや》にも受け継がれた。朝堂院北端に建てられた二棟の八角殿についても、仏教施設ではないかという意見がある。

『日本書紀』によれば、白雉二(六五一)年の遷宮仏事には二一〇〇人余りの僧尼が参集したという。翌年大晦日の法会には「天下僧尼」が内裏に招かれたというから、二一〇〇余人というのも天下僧尼、つまり倭国の僧尼のほぼすべてではなかったろうか。そこで僧尼数がわかる史料を調べてみると、推古三二(六二四)年の倭国には一三八五人の僧尼がおり、天武四(六七五)年の大斎会には僧尼二四〇〇余人が招請されている。孝徳朝はその中間にあたるから、僧尼総数が二一〇〇余人であっても、特に不自然ではあるまい。難波長柄豊碕宮は天皇の居所であり、官人たちが奉仕する支配中枢であるとともに、あらゆる僧尼を集めて国家的法会を行なう仏教空間でもあった。

大化の新政権はきわめて早い時期から、こうした構想をもっていたに違いない。大化元(六四五)年八月、孝徳天皇は大寺(接収した飛鳥寺)に使者を派遣し、僧尼を集めて次のように宣告した。これからは蘇我氏に代わって、天皇が仏教を興隆することにする。そのため十師を置いて仏教界を指導させ、また豪族たちの寺院造営を援助したい。——このように述べた孝徳は来《く》目臣《めのおみ》らを法頭《ほうず》に任命し、僧尼統括にあたらせた。仏教を国家イデオロギーの基軸にすえて保護と統制を加え、国家・王権を護持せしめるとともに、支配層の結集のための思想的基盤とすることが意図されたのである。

孝徳天皇は唐から戻り、国博士となった僧旻に深く帰依していた。改新政権のイデオロギー政策にはおそらく僧旻の影響が強かったものと思われる。また白雉三(六五二)年四月、内裏で無量寿経を講説した恵隠も留学経験をもつ僧侶で、ここにも唐から帰国した新知識人の姿を見ることができる(四七頁参照)。『日本書紀』は孝徳を「仏法を尊び、神道を軽んず」と評したが、それは朝廷総体の方向性であったと考えてよいであろう。

『日本書紀』の孝徳天皇評には続きがあった。「人となり、柔仁にして儒を好む」である。これだけから言うわけではないが、改新政権のイデオロギー政策は仏教だけでなく、儒教をもう一つの基軸としていた。

儒教イデオロギー

儒教も新知識人の影響により、倭国の支配層に深く浸透しつつあった。それは君臣秩序を根本とする官僚制を築いていく上で、こよなき思想的基盤となった。儒教イデオロギーが政治の場で具現化されるとき、儀礼というかたちをとる。孝徳朝には朝賀《ちょうが》といって、新年ごとに君臣関係を確認する儀礼が定例化された。難波長柄豊碕宮はなによりも、こうした国家的儀礼を荘重に執り行なうために建設されたのである。「難波朝廷の立礼」は推古朝の朝礼を改め、中国色をいっそう濃くした礼法であった。

このほかにも孝徳朝には、儒教イデオロギー・礼制に関わるさまざまな施策が行なわれた。君臣秩序を厳密に定めた十三階冠位制・十九階冠位制もその一環であったが、葬礼においても身分的規制が加えられた。大化二(六四六)年三月に命じられた「大化薄葬令」がそれである。墳墓(玄室《げんしつ》・封土《ふうど》)の規模、造築の労働力と日数、葬送儀礼の用具・方法などが身分に応じて事細かに定められ、殯《もがり》・殉死・副葬などが禁じられた。儒教イデオロギーは古墳時代以来の「旧俗」を否定し、合理的なシステムを指向させたのである。

次に空間的秩序を見てみると、国土の中心に王宮があり、それを王都・王畿《おうき》が二重に取り囲むのが礼制に即したあり方であった。大化改新詔には京・畿内に関する規定が見え、特に畿内については「東は名墾《なばり》の横河《よこかわ》より以来《このかた》」などと四方の限りで範囲を示しており、古制を伝えるものと考えられる。原秀三郎氏は難波宮を中心とする、東西一〇〇キロ・南北七〇キロの方格地域を想定している。京については、条坊制をともなう都城はまだ成立していないが、評を置かない王権直轄地域として、その起源が孝徳朝に遡る可能性は十分にある(天智朝に「京」が存在したことは第三章で述べる)。

儒教的徳治主義がよく表われた政策として「鐘匱《かねひつ》の制」を挙げておきたい。大化元年八月、東国国司への詔と同日に命じられたもので、王宮に鐘と匱を設置し、憂訴する者の訴状を匱に入れさせ、朝廷の処置が不当であれば鐘をつかせるという制度である。翌二年二月の詔に、こうした訴状によって雑役を停止した旨が述べられており、大化年間に実際に運用されたと考えてよい。国王が直接に人民の声を聞こうという理想主義的な施策が、改新のごく初期から行なわれたことが注目される。

儒教と仏教に基づく政治秩序は、まず推古朝に模索されたが、大化改新によって格段に強化され、律令体制に受け継がれていった。官僚制・公民制のシステムだけでなく、国家イデオロギーの面でも、孝徳朝は律令体制の起点として位置づけることができる。

列島社会の文明化

大化二(六四六)年三月の大化薄葬令は「旧俗」否定を謳っていたが、同時に列島社会の悪しき風俗についても禁断がなされた。それはまことに多岐にわたる。嘘をつくものが多いこと。貧しい家から豊かな家に逃げ出す奴婢《ぬひ》がいること。妻を捨てた男が、新しい夫に財物を要求するといった、婚姻にまつわるいろいろな紛擾。自分の家の前で役民《えきみん》が死んだら、同行者から祓《はらえ》(賠償)を取り立てるといった、旅人に関わるさまざまな騒動。具体的な描写を読んでいると、七世紀の人々の生活意識を感じとれる気がするが、改新政権はすべてを旧俗・悪習として否定し、列島社会の「文明化」を図ったのである。

その立脚点は儒教的合理主義であったが、旅する人々の障害をなくそうとしたのは、市司《いちのつかさ》・渡子《わたりもり》が手数料をとることを禁じた措置とともに、交通・物流の円滑化をめざした施策と理解できる。同じ大化二年、十師の一人・道登《どうとう》が宇治橋を架けているのは(宇治橋断碑)、旧俗改正令が実効性をもち、宇治の渡子がいなくなったことを示すものであろう。改新政権は、労役・兵役や貢納が活発になることを予見・予定していたのだろうか。

儒教イデオロギーによる「文明化」は別の方面でも進められた。大化二年八月に出された部民廃止詔では、諸国において池を築くべき地、溝を掘るべき地、田を開墾すべき地があれば、人々を均等に使って工事するよう指示している。大化の地方官僚には開発事業が業務として課されたのであるが、確かに『常陸国風土記』『播磨国風土記』にはそうした記事がいくつか見える。例えば常陸国行方郡《なめかた》では、継体朝に箭括麻多智《やはずのまたち》という人物が開墾を始めたところ、夜刀神《やとのかみ》が妨害した。麻多智はこれを駆逐したが、神の祟りを恐れ、社を建てて祭った。ところが孝徳朝に行方評を建てた壬生麻呂《みぶのまろ》は、池を築くにあたって夜刀神を意に介さなかった。人民のために池を作るのだから、「風化」に従わない神祇があろうかと大声で述べ、役民にも恐れないよう命じたという。壬生麻呂は改新政権の尖兵として、神祇祭祀を旧俗として否定し、儒教的合理主義に基づいて行動していた。同じように地域社会を「文明化」し、開発を推し進める動きは全国で見られたことであろう。〈国—評—五十戸〉制の創出は、このような理念を伴っていたのである。

図2-5　龍角寺の山田寺式軒瓦

仏教イデオロギーにも新たな展開があった。蘇我本宗家の滅亡によって仏教興隆の主導権を天皇家が握ると、そのセンターは飛鳥寺から倭国最初の勅願寺・百済大寺へと移ったらしい。大化改新以後、列島各地で寺院造営が盛んになったが、その際には百済大寺と同じ単弁蓮華紋の軒瓦が広く用いられた。いわゆる山田寺式軒瓦である。天武朝以降になって利用されることも多かったが、勅願寺の軒瓦が全国に普及したことは見のがせない。それは王権による仏教流布を物語るものであり、のちに川原寺式軒瓦や法隆寺式軒瓦が各地で用いられる先駆けとなった。

下総国の龍角寺《りゅうかく》(現千葉県印旛郡栄町)も山田寺式軒瓦を用いた寺院である(図2－5)。創建年代は六五〇～六六〇年代前半と考えられ、改新後まもなくのことであった。すぐ近くには龍角寺古墳群があり、七世紀前半まで造営が続けられていたが、ここに地方豪族のモニュメントは「古墳から寺院へ」と転換したのである。創建期の龍角寺に葺かれた瓦には文字を刻んだものがあり、地域の人々がおそらく「五十戸」単位で造営に関わったことを窺わせる。それが〈国―評―五十戸〉の支配とどう関わるか、いかなる経緯で山田寺式軒瓦を採用したかなど、考究すべき点は多いが、東国社会の「文明化」に仏教が関与したことだけは疑いなかろう。

大化改新は列島各地の地域社会に大きな影響を与えた。公民制の施行とともに「文明化」の扉が開かれ、その先には律令体制への道が続いていた。

4 孝徳朝から斉明朝へ

皇太子専権

大化改新において画期となった大化五(六四九)年は、政権の顔ぶれが大きく変わった年でもあった。三月、左大臣阿倍内麻呂が死去した。その七日後、右大臣の蘇我倉山田石川麻呂が謀反を密告された。さっそく勘問が行なわれたが、返答は明瞭でなく、とうとう追捕の兵が差し向けられた。石川麻呂は妻子ともども飛鳥北東の山田寺に入り、仏殿の前で自殺した。ともに死んだ者、連座した者も多く、改新政権をゆるがす大事件となったのである。『日本書紀』は石川麻呂の無実を強く主張しているが、彼の娘の遠智娘《おちのいらつめ》は天智のキサキとなって鸕野皇女《うののひめみこ》（持統天皇）を、同じく姪娘《めいのいらつめ》は阿陪皇女《あへのひめみこ》（元明天皇）を生んでいるから、かなり割り引いて考えねばならない。内麻呂と石川麻呂は十三階冠位制による新冠を着けなかったという。改新の方針について孝徳天皇や皇太子中大兄と意見が合わず、左大臣の死を契機として、右大臣が粛清されたのではなかろうか。いずれにせよ、四月には巨勢徳陀が左大臣、大伴長徳（馬飼・馬養）が右大臣に任命され、新しい権力核を構成した。

その後、改新は順調に進んだが、白雉四（六五三）年に政権が分裂した。皇太子中大兄が倭京《わきょう》（飛鳥の都）への還都を進言し、孝徳天皇がこれを許さないと見るや、皇祖母（前天皇皇極）や皇后間人皇女のほか、王族・貴族・官人たちを引き連れて飛鳥河辺行宮《かわべのかりみや》に移ったのである。難波長柄豊碕宮が完成してから一年、改新政治の壮麗な舞台に孝徳だけが取り残された。翌年冬、彼は病を得て死去する。中大兄のもとに結集した支配層はその後も飛鳥を本拠地とし、難波を王都とすることは二度となかった。

孝徳天皇と皇太子中大兄の不和・分裂はなぜ起きたのだろうか。百済と結ぶか、新羅・唐との関係を重視するかという、外交路線の違いに原因を求める考え方も有力であるが、具体的な点になると評価はさまざまで、確たることはわからない。ただ、このとき皇太子中大兄が完全に主導権を握ったことだけは確実であろう。裏を返せば、それまでの孝徳天皇は、政権内において一定の重みと能動性をもっていたのである。

六五五年正月、皇祖母宝皇女がふたたび天皇位につき、斉明《さいめい》天皇となった。彼女は一〇年前に事実上廃位されたが、孝徳天皇なき今、皇太子中大兄の母として王家の宗主と言うべき地位にあった。それが重祚《ちょうそ》の理由であろう。『藤氏家伝』は彼女が中大兄に国政を委ねたと記しているが、これまでの政治過程から見て、ごく自然なことと理解できる。政治的実権はあくまで中大兄が掌握し、斉明は「祭の御輿」に過ぎなかった。

こうして斉明朝が開幕したが、孝徳天皇には一人の遺児がいて、政権はその動向に目を光らせていた。彼が有間《ありま》皇子である。斉明四(六五八)年、天皇や皇太子が湯治旅行に出かけた隙に、留守をあずかる蘇我赤兄《あかえ》は有間のもとを訪れ、朝廷の失政を述べ立てた。今こそ決起の時だ、と口をすべらせた皇子を赤兄は捕縛し、謀反人として牟婁《むろ》温泉に護送した。中大兄の勘問をうけ、有間は潔白を主張したが、ついに藤白坂《ふじしろのさか》(現和歌山県海南《かいなん》市)で絞殺された。有間皇子の未熟さが哀れを誘う事件である。みずからの地位を脅かしかねない存在を抹殺し、皇太子中大兄はさらなる専権を確立していった。

王都飛鳥の整備

蘇我赤兄は有間皇子に、天皇の「三失」を語ったという。大いに倉庫を建てて人民の財物を集積したこと、長大な水路を掘って公粮《こうろう》を浪費したこと、船で石を運んで丘のように積み上げたこと、この三つの失政である。皇子を陥れる謀略であろうから、言葉そのままには受け取れないが、大化の新税制によって、莫大な物資と労働力が王権のもとに集中するようになり、それが王都飛鳥の整備をもたらしたことは事実であった。

斉明天皇は飛鳥板蓋宮《いたぶきのみや》で即位した。板蓋宮は板材で屋根を葺いた豪壮な王宮で、皇極二(六四三)年、舒明の飛鳥岡本宮の跡に建てられたらしい。しかし、斉明元(六五五)年冬に板蓋宮は全焼した。斉明は飛鳥川原宮《かわはらのみや》に遷り、ふたたび岡本宮跡地に新王宮を建設することにした。翌年に竣工したこの王宮を、後《のち》飛鳥岡本宮と呼ぶ(図2－6)。

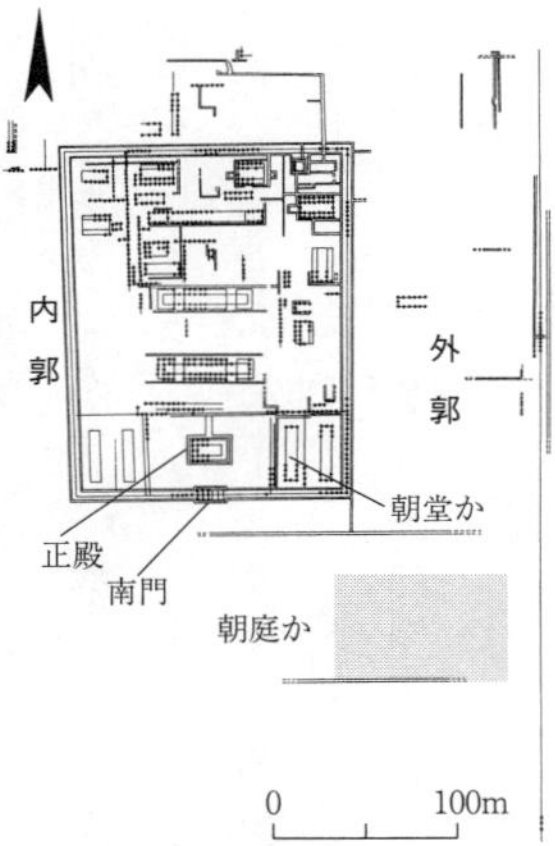

図2-6　後飛鳥岡本宮跡の遺構図(右下の灰色部分は浄御原宮東南郭が造られる位置)

飛鳥宮跡には三時期の王宮遺構が重複しており、最古のⅠ期遺構を岡本宮、Ⅱ期遺構を板蓋宮、Ⅲ期遺構を後岡本宮・浄御原宮とするのが定説である。後岡本宮は難波長柄豊碕宮の直後に建てられた王宮であるが、壮麗な難波宮のプランはあまり継承されなかった。遺構図に明らかなように、後飛鳥岡本宮は難波長柄豊碕宮よりずっと小さく、広い朝堂院をもたなかった。飛鳥の地形条件に制約され、巨大な儀礼空間をあきらめざるを得なかったのであろう。ただし、朝堂も朝庭も必要最小限のものは確保されていたと考えてよい。また、板蓋宮には存在しなかった「外郭」が新たに付加され、そこに官衙群が配置されたと考えられる点も重要である。官僚制の中枢としての機能は、飛鳥の新王宮にも確かに受け継がれていたのである。なお、内郭のすぐ北西(外郭域であろう)には大規模な石敷きの苑池が造られ、遊宴に用いられた。出土した木簡は天武朝以降のものが多いが、漢方薬や酒に関わる官衙があったことが窺われる。

後岡本宮を補完する施設は、外郭域をこえた飛鳥の各地に配置された。王宮の東方に位置する酒船石《さかふねいし》遺跡は、丘陵全体を三重の石垣で取り囲み、最上段に平坦地を造成したもので、有名な酒船石もその一画にある。石垣には天理砂岩を積み上げており、延々たる「狂心《たぶれこころ》の渠《みぞ》」を掘って石上《いそのかみ》山の石を運漕し、宮の東の山に垣を作ったという『日本書紀』の記述とぴたり符合する。蘇我赤兄はこれを失政と言ったのである。しかし、酒船石遺跡の性格はよくわかっていない。この丘陵の北麓には階段状の石敷き空間があり、導水施設と亀形石槽が発見された。祭祀の場ではないかという意見が強い。

後岡本宮の北方には飛鳥寺の伽藍が甍《いらか》をならべ、さらにその北西に石神遺跡がある。斉明朝は石神遺跡の最盛期で、長方形の区画が東西に並び、大規模な建物群が整然と配置されていた。東区画では方形の池や石敷き広場も見つかっており、蝦夷《えみし》の服属儀礼に使われたらしい。また、かつてこの場所から須弥山《しゅみせん》石や石人像が出土した（図2－7）。須弥山とは仏教思想において世界の中心にそびえる大山で、三十三天や四天王の住処とされる。『日本書紀』斉明紀には、須弥山の記事が三度にわたって見え、この須弥山石を指すものであろうが、それは盂蘭盆会のほか、覩貨邏《とから》人・蝦夷・粛慎《あしはせ》の饗宴に用いられていた。斉明朝にも仏教が重視され、夷狄《いてき》の誓約儀礼が四天王などに対してなされたことが推測される。これらの点から、斉明朝の石神遺跡は外交施設であったとする見解が有力である。

　石神遺跡のすぐ南では、銅製の導水管をそなえる堅牢な建物遺構が見つかった。水落《みずおち》遺跡という。斉明六（六六〇）年に皇太子中大兄が漏刻《ろうこく》（水時計）を造り、人々に時を知らせたとされるが、水落遺跡の建物にはこの漏刻が設置されたと推定されている。朝廷政治に不可欠な時刻報知のシステムは、斉明朝の飛鳥で始まったのであろう。

図2–7　復原した須弥山石

　斉明天皇は即位直後、飛鳥北方の小墾田に瓦葺きの王宮を建てようとしたという。難波宮を上まわる規模と意匠がめざされた可能性もあるが、結局それは挫折し、後岡本宮を中心とする飛鳥全体が、倭国の政治中枢としての機能を果たすようになったのである。

蝦夷支配の進展

『日本書紀』によれば、孝徳朝から斉明朝にかけて、日本海岸を北上しながら越《えち》後《ご》・東北・北海道への進出が図られた。また発掘調査の成果によれば、太平洋岸でもこの時期、蝦夷支配の拠点となる施設が生まれている。文献史料と考古資料が補い合い、日本海側・太平洋側で同時並行的に東北支配が進められたことがわかってきた。

まず孝徳朝には、大化三(六四七)年に渟足柵《ぬたりのさく》、大化四年に磐舟柵《いわふねのさく》が造られた。それぞれ新潟県の新潟市・村上市付近にあったらしいが、確実な遺跡はまだ見つかっていない。これらの城柵には柵戸《さくこ》と呼ばれる移民が置かれ、磐舟柵には越《こし》・信濃《しなの》から人民が移されたという。皇極元(六四二)年には越の蝦夷数千人が倭王朝の支配下に入っており、それを前提として、蝦夷支配の拠点がのちの越後国北部に置かれたのである。改新政権は〈国―評―五十戸〉制を施行するにあたり、蝦夷社会に接する地域について特に意を払ったが、城柵支配も孝徳朝に始まる新たな蝦夷政策と見てよいであろう。

太平洋側では、七世紀半ばに仙台市郡山《こおりやま》遺跡のI期官衙が成立した。この官衙は全体を材木列塀で囲まれ、真北に対し西に五〇～六〇度かたむく長方形をしている。正面は東南側と見られ、幅は六〇四メートル以上、奥行きは二九五メートル。内部には政庁があったとおぼしき中枢区画のほか、倉庫・雑舎などが配置されていた。材木列塀をそなえ、政庁をもつことから、郡山遺跡Ⅰ期官衙は蝦夷を支配する城柵と推定される。当時の仙台平野は蝦夷社会に接するフロンティアで、越後平野の渟足柵・磐舟柵と似た条件にあった。文献には現われないが、陸奥でも改新とともに城柵が置かれたのであろう。なお、仙台平野では七世紀代の関東系土器がかなり出土しており、関東地方からの移民があったようである。

これらの城柵はみな河口近くに立地し、武装船団が進攻を行なう基地にもなった。斉明朝にはおそらく渟足柵を起点に、三次にわたる北征がなされた。第一次は斉明四(六五八)年、一八〇艘の船団が齶田《あぎた》(秋田)浦に進み、齶田・渟《ぬ》代《しろ》(能代)・津軽の蝦夷を従わせた後、さらに有間《ありまの》浜《はま》(津軽十《と》三湊《さみなと》か)に至って、渡島《わたりしま》(北海道)の蝦夷を帰服させた。第二次は斉明五年、同規模の船団が渡島に到達し、蝦夷を帰順させたらしい。さらに斉明六年の第三次北征は渡島の大河(石狩川か)に至り、粛慎(オホーツク文化人か)と交戦したという。ここで注意すべきは、第二次北征により、陸奥と越の国郡司が褒賞されたことである。つまり日本海側だけでなく、太平洋側でも船団が北に向かったと推定されるのであり、それを傍証する史料も存在する。進発基地はおそらく郡山遺跡周辺であろう。

では、斉明朝の北征は何のために行なわれたのだろうか。版図拡大・国力増強という意図はむろん考えられるが、今泉隆雄氏は当時の国際情勢を考慮し、高句麗への北方航路の開拓をめざしたのではないかと論じた。魅力的な考え方である。もっとも、進攻は三次をもって中止せざるを得ず、北海道が大陸とどうつながっているかは結局わからなかった。その後の蝦夷支配は仙台平野・新潟平野から改めてじわじわと北上していくことになる。

北征が斉明六(六六〇)年で終わったのは、朝鮮情勢が急変したためである。同年七月に百済が滅亡し、倭は総力をあげて対外戦争(百済の役)に突入していった。

百済の滅亡

唐と高句麗の対立・戦争を契機として、朝鮮三国と倭国がそれぞれに権力集中を行なったことはすでに述べた。唐太宗の高句麗征討は六四九年、その死によって終結し、皇太子李治《りち》が即位して高宗《こうそう》となると、遼東・朝鮮はしばし落ち着きを取りもどした。新羅は中央官制・儀礼・法制の整備を進め、あたかも倭の大化改新を見るようであったが、唐の朝服・年号を用いるなど、唐王朝との関係はずっと深かった。こうした外交戦略が功を奏して、六五一年には高宗が百済・高句麗に対し、新羅と和平するよう命じた。

しかし六五五年、百済・高句麗は告諭に反して新羅に攻め込んだ。新羅王(太宗王・武烈王)となったばかりの金春秋は唐に救援を求め、高句麗の西部領域(遼東)に出兵してもらうとともに、みずからも百済と交戦した。六五八年・六五九年にも唐は遼東を攻め、回を重ねるごとに高句麗への圧迫が強められていった。また、六五九年には百済がしきりに辺境を侵したとして、新羅はふたたび唐に援兵を請うた。

高宗が東方経略を本格化したのはこのように六五〇年代末のことで、それまでは主として西域に軍事力を展開していた。七世紀前葉、天山《てんざん》山脈の北では西突厥が大いに発展し、唐とも良好な関係を保ったが、英主・統葉護可汗《トンヤブグかがん》が殺されると内紛状態となった。やがて六五一年、阿史那賀魯《あしながろ》が西突厥をまとめ上げ、唐の支配を打ち崩した。それに対し高宗は、三次にわたる大遠征軍を送り、六五七年に決定的勝利を収めて西域を平定したのである。この戦役の緒戦で活躍したのが鉄勒《てつろく》の王族・契苾何力《けいひつかりき》であり、賀魯を打ち破って唐を勝利に導いた名将が蘇定方《そていほう》であった。二人の将軍はこののち東方戦線に投入される。高宗は西域支配を再建した上で、いよいよ遼東・朝鮮に主要戦力を集中していった。

一方、倭のこの時期は孝徳朝〜斉明朝にあたり、多角的な外交が続けられていた。改新後は百済一辺倒の外交路線が見直され、唐・新羅との関係を強化したが、白雉二(六五一)年に新羅への反感が高まると、高句麗・百済との提携を密にしていった。唐に対しては、白雉四(六五三)年・同五(六五四)年・斉明五(六五九)年に遣唐使を派遣した。白雉五年の使者は国博士高向玄理らで、新羅危急の際には救援するよう高宗から命ぜられた。唐は高句麗・百済を警戒しており、その危惧は翌年に現実のものとなったが、倭が新羅を援けるようなことは結局なかった。また、斉明五年の遣唐使は洛陽で高宗に謁見したのち、長安に幽閉された。海東の政(朝鮮戦役)を準備していた唐王朝は、情報漏洩を防ぐため、倭国の遣唐使を足止めしたのである。この年、遼東では契苾何力らが高句麗と戦っており、唐が百済へ直接攻撃を行なおうとは、高句麗も百済も予想しなかったであろう。

そして六六〇年六月、蘇定方は一〇万の軍勢を率いて山東半島から渡海し、百済に向かった。新羅王金春秋もこれに呼応し、金庾信に五万の兵を授けて進撃させた。水陸二方面からの電撃作戦は功を奏し、七月には王都泗沘《しひ》城、さらに熊津《ゆうしん》城が落ちて、百済の義慈王はついに降伏した。こうして百済王朝は滅び、義慈王らは唐都に連行された。倭の遣唐使は九月に解放され、その帰途、洛陽宮において亡国の王を目撃したのである。

御船西征

唐は熊津都督府を中心とする五つの都督府を置き、百済の地を支配した。蘇定方は義慈王や王族・貴族を連れて帰国し、ほとんどの都督・地方官には現地の豪族が任用された。つまり、国王や中央貴族がいなくなっても、各地の社会秩序はおおむね温存されたのである。百済遺民が頑強な抵抗活動を続けられたのは、おそらくそのためであった。

百済滅亡から半年が経った六六〇年一二月、高宗は最終目標である高句麗征討に乗り出した。契苾何力・蘇定方を始めとする諸将が大軍を率い、各方面から王都平壌《へいじょう》をめざすことになった。百済にいた唐軍も北上を始めたが、それが百済遺民の抵抗をいっそう激化させたらしい。任存《にんそん》城に拠る鬼室福信《きしつふくしん》と僧道琛《どうちん》を始めとして、彼らは百済の西部・北部で強大な勢力となっていった。六六一年春、福信らは泗沘城を包囲し、かつての王都を奪回しようとした。泗沘城は唐の鎮将劉仁願《りゅうじんがん》が守っていたが、劉仁軌《りゅうじんき》の来援を得てようやく苦境を脱した。それほど百済遺民の勢いは強かったのである。

倭が百済の滅亡を知ったのは、斉明六（六六〇）年九月のことである。新羅が唐を引き込んで百済を滅ぼしたこと、鬼室福信や余自信《よじしん》が抵抗を続けていることを、百済貴族が伝えてきた。翌一〇月、その鬼室福信の使者が来航した。福信は救援を請うとともに、「質」として倭にいる王子豊璋を国王に迎えたいと述べ、朝廷はこれを認めた。年末には斉明天皇が難波に赴き、軍備を整えた。それとともに、全国規模での軍事動員が行なわれたと考えられる。戦争の大義名分は百済救援であるが、むろん豊璋を国王として百済を再建すれば大きな利益が得られる。ただし、そのためには唐に勝利しなければならなかった。倭王朝はどこまで正しく情勢を判断し、参戦に踏み切ったのであろうか。

斉明七年（六六一）正月、斉明は北九州へと出発した。『日本書紀』はこれを「御船《みふね》西征」と記している。途中、伊予熟田津《いよにきたつ》（現愛媛県松山市）の石湯行宮《いわゆのかりみや》に立ち寄ったりもしたが、三月下旬に娜大津《なのおおつ》（現福岡市）に到着し、斉明は磐瀬行宮《いわせのかりみや》に入った。五月には朝倉橘広庭宮《あさくらのたちばなのひろにわのみや》へと遷居した。その遺址は福岡県朝倉市志波《しわ》と考えられ、発掘調査で規格的な建物群が見つかっている。近傍に斉明ゆかりの観世音寺《かんぜおん》領荘園（杷木荘《はきのしょう》）があるのも、朝倉宮との関係から理解すべきであろう。博多湾から東南に約四〇キロ、瀬戸内海や有明海にも通じる要地であった。

しかし同年七月、斉明はこの宮で死去した。中大兄皇子は皇太子のまま国政を執り、長津宮《ながつのみや》

図2-8　牽牛子塚古墳

（かつての磐瀬行宮）で「水表（海外）の軍政」を聴いた。博多湾岸がおそらく軍勢の集結地となり、新国王による閲兵や作戦会議がなされたのであろう。半島への出陣については、章を改めて述べる。一〇月、中大兄は斉明の亡骸とともに九州を発ち、倭京に戻った。飛鳥川原で殯が始められたが、その後の中大兄の所在ははっきりしない。彼は国王として飛鳥に留まり、北九州には戻らなかったのだろうか。

斉明天皇は天智六（六六七）年になって、小市岡上陵《おちのおかのうえのみささぎ》に埋葬された。娘の間人皇女と合葬され、孫の大田皇女も陵前の墓に葬られた。二〇一〇年、奈良県明日香村の牽牛子塚《けんごしづか》古墳が、巨大な切石を伴う八角形墳であることが判明し、斉明陵の可能性が高まった（図2-8）。すぐ近くで大田皇女の墓らしき石槨も見つかった（越塚御門《こしつかごもん》古墳）。激動の生涯を送った女性天皇は、悲運の娘や孫とともに、飛鳥西郊の山丘に眠っていたのである。

第三章　近江令の時代

1　白村江敗戦

百済の役

斉明七(六六一)年四月、筑紫長津宮《つくしながつのみや》にふたたび百済の遺将・鬼室福信の使者が訪れ、王子豊璋を早く帰国させてほしいと願い出た。斉明の没後、称制《しょうせい》(即位せずに国政を執ること)していた中大兄は八月、前軍・後軍からなる第一次進攻軍を出発させ、ついで豊璋に五千余の護衛兵を与えて帰還させた。豊璋はこの年のうちに周留城《しゅうりゅう》(州柔城《つぬ》)で福信と合流したらしく、結集の核を得て、百済遺民の抵抗はいよいよ激しくなった。『日本書紀』によれば、豊璋は翌六六二年五月、百済王位を継承した。第一次進攻軍の将軍阿曇比邏夫《あずみのひらふ》が勅を伝え、倭国の天皇が豊璋を立てる形式をとったという。

このころ高句麗は、唐の大軍に攻められていた。六六一年秋、蘇定方が浿江《はい》(大同江)で高句麗軍を撃破し、王都平壌城を囲んだ。契苾何力も鴨緑江で勝利を収めた。しかし六六二年になると形勢は逆転した。蛇水《だすい》の戦いで唐軍が大敗し、三月、蘇定方は包囲を解いて帰還することになった。倭は高句麗から救援を求められ、第一次百済進攻軍を周留城に駐留させて、高句麗の南部戦線を守った、と『日本書紀』は述べている。

高句麗がこうして一息つくと、今度は百済が苦しむ番であった。六六二年七月、劉仁願・劉仁軌が唐の駐留軍を率いて、熊津付近で百済軍を破った。さらに真峴《しんけん》城を陥落させ、新羅からの兵粮運送ルートを確保した。その上で本国に兵の増援を要請し、山東半島から七千の水軍を派遣してもらうことになった。唐の反攻はかくして着々と進められていったが、新羅もこれに呼応し、しばしば百済を攻撃して優位に立った。

倭国は天智二(六六三、称制二年目を天智元年とする『日本書紀』の紀年による)年三月、第二次進攻軍を繰り出した(一〇一頁、図3－1参照)。前軍・中軍・後軍からなる二万七千の大軍である。前軍は南から新羅を襲い、二つの城を落とした。しかし六月、再建された百済王権に内紛が起き、豊璋が鬼室福信を殺した。ずっと唐へのレジスタンスを続けてきた名将の死により、百済は最終的崩壊への道を歩むことになる。

六六三年八月、唐・新羅軍が百済王豊璋のいる周留城を囲んだ。増強された唐水軍は、倭の周留城救援を防ぐため、白村江(錦江河口部か)に軍船一七〇艘をならべて待ち受けた。二七日、そこを倭の水軍が襲ったが、あえなく退却した。翌二八日、ふたたびの会戦が行なわれ、倭の中軍が攻撃を始めたところ、劉仁軌麾下の唐水軍に挟撃され、壊滅的敗北を喫することになった。水死する兵は多数にのぼり、四〇〇艘の船が焼かれ、海水は赤く照り映えたという。「白村江の戦い」とはこの二日間の海戦をいう。豊璋も白村江まで来ていたが、敗戦により高句麗に逃げ去った。ついで百済の拠点周留城が陥落し、ここに唐の百済平定はほぼ完了したのである。倭の軍兵や百済遺民には捕虜にされる者も多かったが、逃げおおせた人々は百済南部の弖礼《てれ》城を経て、九月、倭へと向かった。大敗して帰ってきた将軍・兵士を倭王朝がどのように迎えたか、『日本書紀』は沈黙して何も語らない。

この百済の役には、第一次・第二次進攻軍と豊璋護衛軍を合わせて、おそらく五万人をこえる兵が動員され、それに見合うだけの軍船・武器・兵粮が徴発されたと推定される。軍兵には将軍に直属する中央氏族出身者もいたが、その多くは西日本の地方豪族や公民であった。戦死したり捕虜となった兵士は数え切れず、数十年後にやっと帰国できた人もいた。半島戦役が西日本各地の地域社会に及ぼした影響は、まことに計り知れない。『日本霊異記』によれば、戦地に赴いた地方豪族たちは仏教を心の頼りにしたといい、列島の白鳳寺院にはそうした経緯で建てられたものもあったのである。

高句麗の滅亡

唐の百済支配はほぼ定まった。劉仁願は唐に凱旋し、劉仁軌が留まることになった。彼は荒廃した社会を安定させ、高句麗戦役に備えた。新羅軍も一一月には国に帰った。

翌六六四年、ふたたび劉仁願が熊津城に現われた。唐に降った百済王子扶余隆《ふよりゅう》もこのとき同行し、熊津都督として旧百済領の安撫にあたり、新羅の将軍金仁問《きんじんもん》と和平を誓い合った。さらに仁願は郭務悰《かくむそう》なる者を倭国に遣わし、「将軍牒書《ちょうしょ》」を送達させた。内容は伝わっていないが、おそらく唐への協力、特に百済支配への同調を命じたものであろう。倭には百済王子(扶余勇。禅広のことか)がおり、唐はその影響力や、高句麗に逃れた扶余豊(豊璋)との呼応を恐れていた。敗残の倭を従わせ、百済の不安定化を防ぎ、高句麗再征を実現すること、それが唐の国家意志であった。中大兄はこの牒書を読んだが、返答を先延ばしするため、皇帝の使者にあらざる者と外交交渉はできない、と突っぱねた。年末になって郭務悰は帰っていったが、唐も簡単には引き下がらず、翌天智四(六六五)年九月、高宗の勅使劉徳高《りゅうとくこう》が大宰府に到着した。さすがに国書(皇帝の外交文書)を受け取らないわけにもいかず、中大兄は唐使を倭京(飛鳥の都)に招き、丁重な外交儀礼を行なった。

劉徳高は一二月に帰国した。この年には遣唐使が派遣されているが、徳高を送り、中大兄の返答を伝えた使者と見るのが穏当であろう。ただ、一二月より早く出発したとすれば、翌六六六年正月の泰山封禅《たいざんほうぜん》(皇帝が天を祭る儀礼)に参列したことも考えられる。この年(六六五年)の八月、新羅文武王《ぶんぶ》と百済王子扶余隆は会盟して和親を誓い、そののち劉仁軌が「新羅・百済・耽羅《たんら》・倭国使者」を率いて封禅儀に赴いた。この「倭国使者」が百済戦役の捕虜ではなく、正式の遣唐使であれば、高宗への恭順を強く示したことになる。いずれにしても、倭王朝は皇帝の命令に従わざるを得ず、それは高句麗を見捨てることを意味していた。

高宗が泰山から長安に戻ったのは六六六年四月であるが、そのころから高句麗情勢は一気に動いた。高句麗で専制権力を握り、唐に対抗してきた泉蓋蘇文がついに死去し、王朝が内紛状態に陥ったのである。蓋蘇文の跡は長子泉男生《せんだんせい》が継いだが、彼は弟の男建《だんけん》・男産《だんさん》に追われ、国内城(中国吉林省集安市)に拠って唐に救いを求めた。高宗はまたとない好機と見て、かつて東突厥を滅ぼした勇将李勣《りせき》を遼東道行軍大総管に任じ、大軍を授けた。翌六六七年、唐軍は遼東の各方面に進撃し、新羅軍もこれに呼応して北上した。そして六六八年九月、唐・新羅連合軍はついに王都平壌城を陥落させた。李勣は高句麗の宝蔵王、泉男建・男産、扶余豊らを捕虜として、唐に帰還した。平壌城には安東都護府、各地に九都督府が置かれ、現地の豪族が地方官に任命された。唐による高句麗支配は着々と進められていき、翌年には高句麗遺民二万八千人が唐に移配された。

この戦役に倭は直接関わらなかったが、高句麗の滅亡により、今度はみずからが大唐帝国の脅威にさらされることになった。六六九年、唐は倭を征討するため、軍船の修理を始めた。大水軍の襲来は現実の脅威として迫りつつあった。

国土防衛

白村江の敗戦をうけ、中大兄皇子を中心とする倭国の支配者層は、国家体制を整備し、国土防衛を強化する必要に迫られた。天智朝になって矢継ぎ早に実施された政策には、倭王朝の強い緊張感が窺われる。高句麗が滅亡する以前から、来るべき唐・新羅との

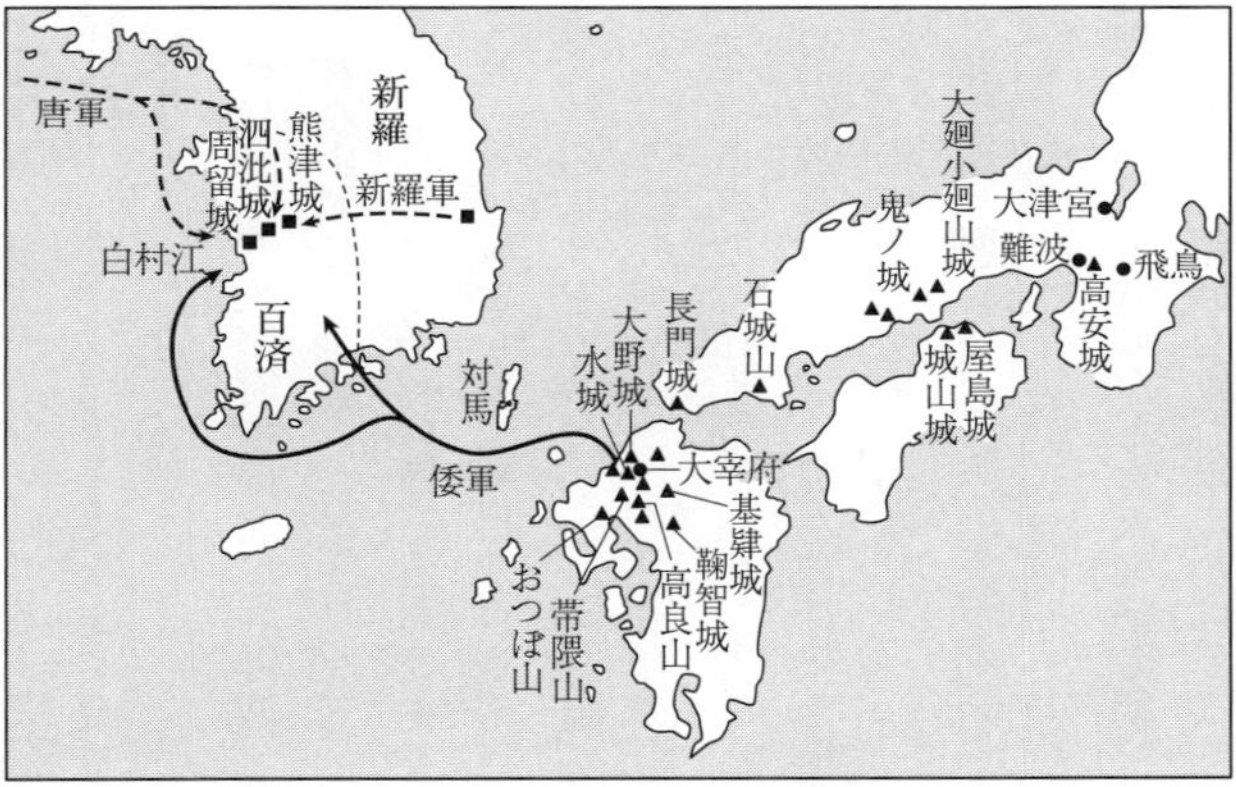

図3–1　百済の役と防衛施設

戦争に備えて、周到な用意がなされていった。

まず国土防衛政策を見ておくと（図3－1）、敗戦翌年の天智三（六六四）年、最前線にあたる対馬《つしま》・壱岐《いき》・北九州に防人《さきもり》（沿岸防備兵）が配備され、緊急連絡のための烽《とぶひ》（のろし）が置かれた。それとともに、博多湾沿岸にあった筑紫大宰府が内陸部に移され、軍事・外交上の最重要機関として、堅固な施設で守られることになった。移転先は現在の福岡県太宰府市。その後ずっと大宰府政庁が置かれ続ける場所である。天智朝の政庁は掘立柱建物からなり、その配置は奈良時代以降とはかなり異なっていたらしい。大宰府の背後（北側）には標高四一〇メートルの四王寺山がそびえ、そのすぐ西に背振《せふり》山地が迫っていて、博多湾から大宰府に至るにはこの合間を通らなければならない。そこで狭隘部をふさぐ全長一・五キロ、基底幅八〇メートル、高さ一三メートルもある恐るべき防塁が構築された。博多湾側には幅六〇メートル、深さ四メートルの濠をそなえ、戦時には水を貯める設計であったため、この施設全体が「水城《みずき》」と呼ばれた。

その翌年、大宰府の南北に大野《おおの》城・基肄《きい》城が築かれた。大野城は四王寺山の頂部一帯に造営された山城で、全長六・五キロにわたって土塁・石塁をめぐらせ、その内部に谷を取り込んで、倉庫と見られる多数の礎石建ち建物を置いていた。水城とともに博多湾からの侵攻に備え、大宰府の逃げ城としても利用できる施設であった。南の基肄城も同じような構造をもち、有明海方面への備えとなっていた。基肄城の東には水城に似た施設(基山築堤)があることもわかっており、これらが全体として大宰府防衛網を形作ったのである。二城の建設工事を担当したのは、亡命百済人の憶礼福留《おくらいふくる》と四比福夫《しひふくぶ》であった。彼らは百済と同じような構造をもつ山城を造営し、百済の故都泗沘によく似た防衛網を構築した。大野城タイプの古代山城が「朝鮮式山城」と称されるのはそのためである。

『日本書紀』によれば、天智朝にはこのほか長門《ながと》に某城(長門城)、対馬に金田《かなた》城、讃岐《さぬき》に屋島城、大倭《やまと》に高安《たかやす》城が築かれた。また、『続日本紀』に見える九州の鞠智《くくち》城・三野《みの》城・稲積《いなづみ》城、備後の茨《いばら》城・常《つね》城なども天智朝の朝鮮式山城なのであろう。さらに文献史料には現われないが、北九州から瀬戸内海沿岸にかけては「神籠石《こうごいし》」という、実態にそぐわない呼び方をされる古代山城遺跡がたくさん分布している。それらが天智朝に築かれたものかどうかは慎重に見きわめる必要があるが、明らかに朝鮮式山城と見るべきものも多い。

このように天智朝には、九州北部から瀬戸内海を経て畿内に至る地域に、百済の技術を用いた要塞が数多く築かれ、大宰府、さらには王都侵攻への防備が図られた。史料には見えないが、駅馬《えきま》の制も軍事上の必要から、この時期に整備されたと考えてよい。朝鮮式山城の廃墟に足を運べば、土木工事にいかに膨大な物資と労働力が投下されたか、どれほど多くの公民が兵士として徴発されたかが、改めて実感されるであろう。

近江遷都

天智六(六六七)年三月、中大兄は都を飛鳥から近江に遷した。それまでは斉明天皇の後飛鳥岡本宮を用いていたが、畿内北限である逢坂山《おうさかやま》を越えた琵琶湖岸の地に、新しく大津宮《おおつのみや》を造営して朝廷機構をそっくり移転させた(図3-2)。西日本各地に軍事施設が築かれている時期であることを思えば、遷都も防衛上の理由に基づくものであろう。近江は瀬戸内海から遠く、東国への避難にも便利である。しかも琵琶湖があるから、船さえ確保しておけば、上陸してきた侵攻軍から逃れるのもたやすい。

ただ、大津の地が特に選ばれたのには、一つの理由があった。大津北郊には舒明天皇・斉明天皇が愛した平浦宮《ひらうらのみや》という離宮があり、二人の間に生まれた中大兄皇子にとっても、そこは若いころから慣れ親しんだ場所であった。大津宮に移ってからも、彼は平浦宮に行幸して懐旧の思いにひたることがあったらしい。

とは言え、筑紫の行宮《あんぐう》に赴くのとは違い、畿外への本格的遷都には抵抗が大きかった。怨嗟の声があふれ、放火も多かったという。倭京はそのまま存続して留守司《るすのつかさ》が置かれ、中大兄も一度倭京に戻り、動揺を抑えた。そして翌七年正月、彼はようやく即位して天智天皇となった。即位と遷都を同じ六年三月とする異伝もあり、その場合は同年二月に斉明天皇の葬礼を終えたこととの関係がよく見えてくるが、いずれにせよ、近江京・大津宮は天智天皇の正式の治世に欠かせない舞台装置であった。

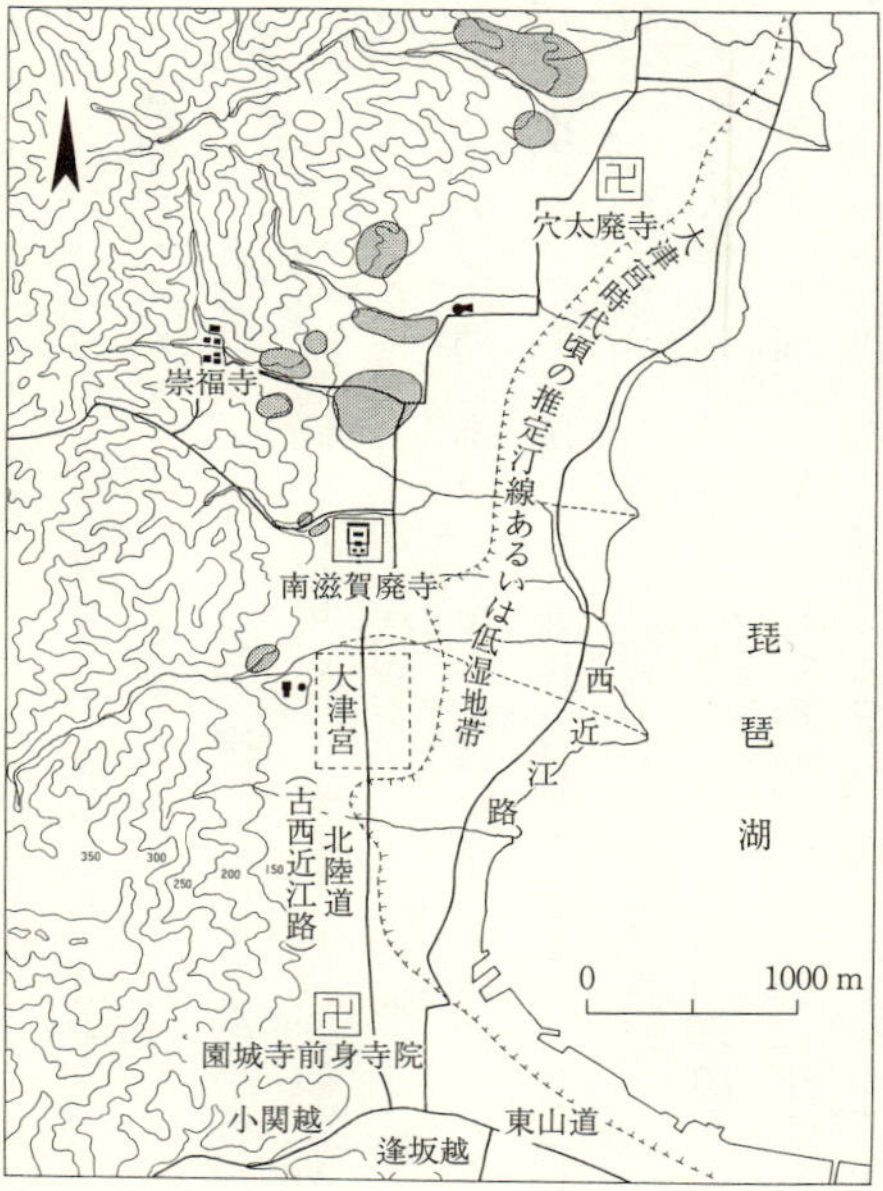

図 3-2　近江京と大津宮

大津宮の遺跡については、粘り強い発掘調査の結果、大津市錦織《にしこおり》の錦織遺跡がそれにあたることが確定している。錦織遺跡では内裏正殿・内裏南門とおぼしき大型掘立柱建物のほか、いくつかの建物や塀の遺構が検出された。問題はそこから大津宮をどのように復原するかである。難波長柄豊碕宮のような大規模な朝堂院を想定する学説と、後飛鳥岡本宮によく似た構造をもつ王宮と考える学説が並び立っているが、遺構や地形の解釈は、後者のほうが説得的である。ただ、曹司域（外郭）を含めた全体像の解明にはさらに調査・研究を積み重ねる必要があるし、多くの木簡・土器の出土も待たれるところである。大津宮の遺跡は天智朝を正しく評価するための鍵を握っていると言っても、決して過言ではない。

大津宮を取りまく近江京については、古代の湖岸の土地は今よりもずっと狭く、碁盤目状の条坊制地割はなかったと考えられる。この点は難波や飛鳥と同じである。難波宮のような巨大王宮が建設されなかったのも、地形的制約によるものだろうか。数年後、天智が琵琶湖南岸の匱《ひ》迮野《さのの》に新王宮を営もうとしたのは、そのためなのかもしれない。

大津宮における天智の治世はこうして始まった。唐の脅威をひしひしと感じ、前後の時代とは比較にならない緊張がみなぎっていたが、その一方で、天智朝は文華栄えた時代として知られている。天智を聖君とする考え方によるものかもしれないが、亡命百済人の関与・影響もあって、漢詩文や儀礼などに新局面が拓かれたのは事実である。近江京には学職（のちの大学寮）が置かれ、漢字による日本語表記も発達した。

中臣鎌足

天智朝の政治を支えたブレーンが、中臣(藤原)鎌足である。鎌足は推古二二(六一四)年、飛鳥北方の藤原第で生まれた。藤原第はのちに不比等が相続し、藤原宮東隣に位置することになった邸宅のことらしく、藤原氏の名はここに由来する。幼いころから学を好み、とりわけ兵法書『六韜《りくとう》』を愛読し、舒明朝に帰国した僧旻に『周易《しゅうえき》』、南淵請安に儒教を学んだという。そうした性向のゆえであろうか、中臣氏の祖業である神祇祭祀に携わることを鎌足は良しとせず、ひとたび三島別業《みしまのべつごう》(大阪府茨木市沢良宜《さわらぎ》付近にあったと推定される別荘)に隠棲したが、やがて宮廷クーデターを策謀する集団に加わり、乙巳の変で政権を勝ちとった。『日本書紀』『藤氏家伝』は鎌足こそが政変の黒幕だったと述べ、中大兄皇子との連繋を特筆大書している。どこまで本当なのか、もはや知るよしもないが、鎌足が改新政府で内臣《うちつおみ》となったこと、中大兄から厚く信頼されたことは事実と見てよく、クーデターを成功に導いた功績はやはり大きかったのであろう。

内臣とは、その名のごとく天皇側近に侍して、重要な国策決定に参画する官であった。『藤氏家伝』には「軍事・国政の重要事項は鎌足の判断に任せた」とあり、また養老五(七二一)年、鎌足の故事をふまえて内臣となった藤原房前《ふささき》には、「宮廷・朝廷の要務を取り計らい、詔勅を確実に施行して、天皇政治を補佐し、永く国家を安寧ならしめよ」との勅命が下っている。中大兄が全権を握った孝徳朝末年から斉明朝になると、内臣の役割はいよいよ重みを増した。中大兄はつねに鎌足に諮って国家意志を定めたといい、そのような政治は天智朝にも受け継がれた。文献上知られる事績としては、「礼儀」と近江令の編纂がある。近江令のことは次節で述べるが、「礼儀」も礼制に関する成文法典であったらしく、鎌足はその素養を活かし、儒教的秩序の確立に寄与したのである。

彼は仏教信者でもあった。飛鳥寺に資財を施して僧侶の修学を助けたり、近江京に程近い山階陶原家《やましなすえはらのいえ》で維摩経《ゆいま》を講説させるなど、仏教興隆に力をつくし、国家護持を祈った。長子の定恵《じょうえ》を僧侶とし、入唐させたのもその表われであろう。山階での講経はのちに興福寺に移されて維摩会と呼ばれ、鎌足の忌日法会として重んじられた。このように中臣鎌足は儒教だけでなく、仏教にも深い理解と帰依を示したが、それは個人的信仰の次元にとどまらなかったのではあるまいか。儒教と仏教は大化改新の思想的基盤でもあったから、双方に通暁した鎌足が、新国家体制のイデオロギー整備に関わったと見るのは自然であろう。

天智八（六六九）年冬、鎌足は近江京で死の床についた。天智天皇は見舞いに訪れ、大織冠の位、内大臣の官、藤原の姓を与えた。長年の貢献に対する、せめてもの報いであった。ほどなく鎌足は死去し、一年にわたる殯《もがり》のあと、山階精舎（山階寺。陶原家の持仏堂か）で葬礼が行なわれた。百済人沙宅紹明《さたくじょうみょう》が碑文を作り、遺徳を讃えたが、天智朝の文華を伝え、大織冠の墓所を知る手がかりにもなろうその碑文は、残念ながら今に伝わらない。

2 天智朝の国制

甲子の宣　白村江の敗戦からわずか半年後の天智三(六六四)年二月、称制していた中大兄皇子は重要な勅命を発した。この年の干支をとって「甲子《かっし》の宣《せん》」と呼ばれるもので、二十六階冠位制と氏上《うじのかみ》制の二つの内容からなり、さらに民部《かきべ》・家部《やかべ》の制が付け加えられている。

まず二十六階冠位制であるが、これまでずっと用いてきた大化五(六四九)年の十九階冠位制を改めたものである(六六・六七頁、図2-3参照)。その眼目は中下級冠位を細分化することにあった。大花・小花・大山・小山・大乙・小乙の六冠がそれぞれ上下の二階にわかれていたのを、上中下の三階に変更し(大花冠・小花冠は大錦冠・小錦冠に改称した)、最下位の立身冠を大建冠・小建冠に区分した。実務を担う中下級官人をさらに細かく序列化し、官僚機構全体の管理強化を図ったものと考えられる。この二十六階冠位制は天武一四(六八五)年まで、二〇年にわたって使われ続けることになる。

次に氏上制は、さまざまな氏の代表者を定める制度で、それとともに大氏《だいし》の氏上には大刀、小氏《しょうし》の氏上には小刀、伴造《とものみやつこ》などの氏上には干楯《たて》・弓矢を与えた。武器は信任と忠誠のシンボルと考えられ、もともと自律的な親族集団であった諸氏に対し、王権の側から統制を加えたものである。冠位制は官人個人に関わり、氏上制は氏という中間団体を対象とするが、その両方向から支配層を王権のもとに結集させることが意図されたのである。

甲子の宣で最も問題となるのは、「またその民部・家部を定む」という最後の一文である。原秀三郎氏は、民部を国家支配に帰属する人民(つまり公民)、家部を豪族私有民と解釈し、この法令で公民制が創出されたと考えて、大化改新を否定する根拠とした。そうであれば事は重大であるが、第二章で述べたように、孝徳朝に部民制が廃止され、〈国―評―五十戸〉による公民支配が始まったことは事実として認められるから、むしろ民部・家部の解釈はそれを前提として行なわれねばならない。また、天武四(六七五)年に「甲子年に諸氏に給へりし部曲《かきのたみ》は、今より以後、みな除《や》めよ」という詔が出され、翌年に封戸《ふこ》制に改訂が加えられたことも、視野に収めておく必要がある。

私見によれば、「その民部・家部」の「その」が指し示すものは、直前に記された氏上と見るのが穏当である。諸氏の代表者に民部・家部が与えられた、ということになる。このうち家部とは、諸氏に隷属する人々と考えられ、のちに「氏賤《しせん》」と呼ばれた奴婢《ぬひ》(ヤツコ)をさすものであろう。王権は諸氏の隷属民まで把握した上で、氏上にその所有を認めると述べたわけである。民部については、すでに制度化されていた封戸とほぼ同質のもの、つまり一定数の公民を定め、その貢納物・労働力を氏上に与えたものと考えておきたい。部民は一八年前に廃止されたが、それに似たところがあったので民部や部曲と呼ばれ、氏上の地位・職能にふさわしい数量が与えられたのであろう。そして天武四年、この民部(部曲)が廃止され、翌年には封戸制全体に手が入れられた。民部や封戸となった人々の身分は公民のままで、各地の五十戸に所属していたから、戸籍を作り直す必要もなかったのである。

研究史の焦点であるため、少し詳しく説明を行なってきたが、要するに民部・家部の制は氏上制に付帯するものにすぎない。公民制を前提としながら、諸氏を代表する氏上に特権を与え、王権への服従を求めたのである。こうして甲子の宣により、倭国の支配層全体が強力に統制され、国家的危機を乗り切る〈臨戦体制〉への第一歩が踏み出された。

庚午年籍

倭王朝は支配層の統制強化を終えると、今度は全国の人民の徹底的掌握を図った。そのために必要なのは台帳である。孝徳朝にも「戸」を把握する帳簿が作られ、兵役・力役の徴発、租税の徴収に用いられてきたが、いっそう詳細な人民台帳の作成が命じられた。全国の豪族が危機感を共有していたためか、それは思いのほかスムースに実現した。

『日本書紀』は、天智九(六七〇、庚午《こうご》)年二月の条で「戸籍を造る。盗賊と浮浪とを断《や》む」と短く述べるのみだが、これが倭国最初の本格的戸籍「庚午年籍」の作成を伝える記事である。庚午年籍は大宝律令に永久保存が規定され、八〜九世紀を通じて重んじられたため、関連史料が多い。そこから窺われる特徴は、次の三点にまとめられる。

第一に、倭国の全地域にわたる戸籍であった。九世紀に「左右京職《きょうしき》ならびに五畿内七道諸国」に対し、庚午年籍を写して進上せよと命じられたことが、その明証となる。ほかの史料を見ても、全国的に作成・保管されたことはまず疑いない。ここで興味深いのは、京戸《きょうこ》についても庚午年籍が作られたことで、遅くとも天智朝に特別行政区画「京」が存在したことが確かめられる。条坊制地割がなくても、倭京や近江京はたしかに京であった。

第二に、倭国の全人民に関する戸籍であった。男性・女性を問わず、良民・賤民を通じて、国家が把握できるすべての人民が登載されていた。良賤の秩序を定めたのは、持統四（六九〇）年の庚寅《こういん》年籍だとする意見もあるが、八世紀の史料によれば、庚午年籍に「良人《りょうにん》」「奴」が書かれていたことは確実である。続柄や年齢に関する記載もあったらしいから、奈良時代の戸籍と同じように、戸ごとに戸主を定め、その戸に含まれる全戸口について、続柄・性別・良賤・姓名・年齢を記していたのであろう。

第三に、「五十戸」単位でまとめられたと考えられる。これも奈良時代の戸籍が里（五十戸の後身）単位で作られたのと同じで、孝徳朝以来の人民支配の枠組みが重視されたのである。文献的には、上野国の庚午年籍が一里一巻であったことが、認識の基本となる。西海道全体では七七〇巻に及んだといい、のちの里数よりかなり多いが、九州の特殊性と見るべきか、氏別の戸籍もあったとする学説を考慮すべきか、よく考える必要がある。ただいずれにせよ、庚午年籍が「五十戸一巻」を原則としたことは認めてよく、ここに定まった五十戸の枠組みは、天智・天武朝を通じて変更されなかった。

このように、庚午年籍はきわめて徹底した人民支配台帳であった。戸という大雑把な単位からさらに踏み込み、公民一人一人から生産物・労働力を搾りとることが、天智朝には可能となったのである。多数の兵士・役夫を動員し、大量の物資補給を行なって、国家防衛を果たすこと——公民支配における〈臨戦体制〉がこうして形作られた。

庚午年籍に載せられた人民には姓名がついていた。そこには部民制支配の痕跡が深く刻まれていたが、彼ら・彼女らが日常的に呼び合っていた名前と同じだったかどうかはわからない。しかし、戸籍の氏姓はよほどのことがない限り変更されず、子孫に受け継がれたから、庚午年籍は「氏姓の根本台帳」という性格を帯びることにもなった。

近江令

天智一〇(六七一)年正月、天智天皇は「冠位・法度《はっと》の事」を施行した。この法度(法令)こそ、弘仁格式《こうにんきゃくしき》の序文にいう「近江朝廷の令」、すなわち近江令であろう。この施行記事には「法度・冠位の名は具《つぶさ》に新律令に載せたり」という注記があり、「法度」が律令と密接に関わることは疑いない。「冠位」とは天智三年の二十六階冠位制のことで、近江令とともに(おそらくはその一部として)改めて施行したと考えられる。このとき、皇親冠位制や外位《げい》制などが増補されたのかもしれない。

『藤氏家伝』によれば、天智天皇は中臣鎌足に「礼儀」と「律令」の編纂を命じた。鎌足は賢人たちとともにそれまでの法律を取捨し、必要なものを加え、天智七年には法典編纂をほぼ終えたという。しかし、翌年に鎌足が死去したため、令の仕上げと施行が天智一〇年まで遅れたものらしい。なお、「律令」というのは文飾で、近江令・浄御原令の段階では倭国独自の律(刑法)は作られず、大宝律令にいたって初めて完備したらしい。

近江令については、持統三(六八九)年に諸司に配られた浄御原令との関係をめぐって議論があったが、青木和夫氏は近江令の完成・施行を否定し、倭国最初の体系的法典は浄御原令であると論じた。鎌足による編纂事業は中断し、その一部が単行法令として天智一〇年に施行されたとする。この「近江令否定論」は今なお大きな影響力をもち、律令体制の形成を考える上で、天智朝より天武・持統朝を重視する立場を支えている。しかし、青木説には確固たる実証的根拠が見あたらず、「編纂中断」も『藤氏家伝』の素直な解釈とは言いがたい。むしろ田中卓氏が的確に批判したように、近江令は完成し施行されたと見たほうが自然であって、それを示す文献史料も二点ほど挙げることができる。

一つめは、天武一〇(六八一)年二月、天武天皇が浄御原令の編纂を命じた詔である。天武は「朕、今更に律令を定め、法式を改めんと欲す」と述べており、「今更に」の一句から、それまでに「律令」「法式」と称される体系的法典が存在したことが読み取れる。二つめは、養老三

(七一九)年一〇月の元正天皇の詔である。彼女は律令編纂の歴史を語り、昔は成文法典がなかったが、「近江の世」に至って体系的に整えられ、修正を施しながら大宝律令まで受け継がれた、と述べた。体系的法典の出発点は近江令にある、というのが奈良時代初期の国家的認識であり、これを疑うべき積極的理由は存在しない。

このように、近江令否定論に従うことはできない。折衷的な意見として、施行はしたが諸司に配らなかったとする説もあるが、王権が体系的法典をもち、それに基づいて国家システムや政策をデザインしていけば、結果的には同じことである。唐や百済から将来された法典、大化以降のさまざまな単行法令を基礎とし、百済の役の重い経験をふまえて、〈臨戦体制〉に即応する成文法典が生み出されたのであろう。

天智九年二月に完成した庚午年籍が、いつ作り始められたかはわからないが、近江令は天智七年にはほぼ編纂を終えていた。とすれば、庚午年籍が近江令(ただし未施行)の規定に沿って作成された可能性は高い。次の庚寅年籍も浄御原令の施行とともに作られており、庚午・庚寅の全国的戸籍は新令と深いつながりをもっていたのである。

近江令官制

近江令施行の前日、新しい政権首脳部が発足した。太政大臣に大友皇子、左大臣に蘇我赤兄、右大臣に中臣金《かね》、御史《ぎょし》大夫に蘇我果安《はたやす》・巨勢人《こせのひと》・紀大人《きのうし》という布陣である。これは大化元(六四五)年以来の組織を改めたもので、内臣と国博士を廃止し、新たに太政大臣と御史大夫を置いた。御史大夫は納言《なごん》(大納言)の前身であり、ここに〈太政大臣―左右大臣―大納言〉からなる大宝令太政官制の原形が生まれた。

新令施行によって官制が改められ、人事異動が行なわれることは、浄御原令の時(持統四(六九〇)年七月)にも、大宝令の時(大宝元(七〇一)年三月)にもあった。したがって、天智一〇(六七一)年正月の太政官制も、近江令施行に伴うものと見るのが穏当である。浄御原令施行に際しては、太政官だけでなく「八省百官」や「大宰国司」が遷任しており、近江令施行時にも大化五年の「八省百官」が廃され、中央・地方にわたる新官制全体が始動したと推察される。この近江令官制は、二十六階冠位制と同じく、天武朝になっても用いられ続けたから、その時期の史料を援用して復原・考察することができる。

まず中央官制を見ておくと、太政官では太政大臣・左右大臣が国政を統括・審議し、御史大夫が奏宣《そうせん》(上奏《じょうそう》・宣下《せんげ》)や参議の任にあたった。それぞれ大化前代の大臣・大夫に起源をもち、唐の尚書省・門下省を参考にして整えたものである。太政官の下には大弁官があり、実務処理を行ないつつ、太政官と中央・地方の官司を仲立ちする役割を果たした。やはり唐尚書省に範をとった、政務・文書の運用を支える新しい官司である。

「八省百官」に代わって現われたのが、「六官」を中心とする官司組織である。六官とは法官《のりのつかさ》・理官《おさむるつかさ》・大蔵《おおくら》・兵政官《つわもののつかさ》・刑官《うたえのつかさ》・民官《かきのつかさ》で、それぞれ大宝令の式部省・治部《じぶ》省・大蔵省・兵部《ひょうぶ》省・刑部《ぎょうぶ》省・民部省にあたる。浄御原令で中官（のちの中務省）・宮内官が加わって八官となり、大宝令の八省につながったらしいが、主要部分は近江令官制において成立していた。天智一〇年には沙宅紹明《さたくじょうみょう》が「法官大輔」、鬼室集斯《きしつしゅうし》が「学職頭」に任じられており、近江令官制に確かに六官が存在したこと、各官に長官・次官などの職位が設けられたこと、六官以外にも官司があったことなどが推測できる。『日本書紀』天武紀には、神官・大学寮・陰陽寮・外薬寮・兵庫職・膳職などが見え、六官を中心とする多数の官司がゆるやかに結ばれながら活動していたのであろう。

一方、地方官については、〈国―評―五十戸〉からなる行政組織がそのまま存続した。各国には国宰《くにのみこともち》（のちの国司）が派遣され、評の官人を統括しながら行政にあたった。国宰が軍政における幅広い権限をもっていたことも確実である。国宰の上位に「総領《そうりょう》」「大宰《おおみこともち》」という広域行政官が置かれた地方もあった。孝徳朝には東国総領が国・評の設定に関わったが、近江令官制下では筑紫のほか、吉備・周防《すおう》・伊予など西日本の要地に配置された。朝鮮式山城の分布とも一致し、軍事的機能を主としていたと考えられる。

以上が近江令官制の概要である。中央においては孝徳朝の官司組織からの脱皮が図られ、〈太政官―大弁官―六官〉という大宝令官制の原形が成立した。この点は近江令、あるいは天智朝の歴史的位置を考える上で重要な手がかりとなる。

なお、こうした官職につく官人たちは、二十六階冠位制によって統制されたが、近江令にはすでに勤務評定制度があったと考えられる。天武二(六七三)年五月の詔で、大舎人《おおとねり》の勤務評定が「官人の例に准ぜよ」とされており、官人一般に関わる制度が天智朝に存在したことは確実だからである。評定の基準はわからないが、大宝令制では勤務日数が精勤のバロメーターとなり、昇進と給与がそれによって決まった。漏刻による時刻報知が始まっていたことを思えば、やはり日々の勤務状況が基準になったのであろう。

律令体制の成立

白村江の敗戦以後、切迫感をもって進められた国家体制の整備は、このように天智天皇の即位後まもなく、ほぼ完成の域に達した。官僚制については、甲子の宣で定められた二十六階冠位制を改めて施行するとともに、大宝令官制の原形となる中央官司機構〈太政官—大弁官—六官〉を創出した。これによって支配層は厳しく統制され、国家意志の形成・施行が厳密かつ迅速に行なえるようになった。一方、公民制については、全国・全階層の人民を把握するために庚午年籍が作成され、初めて戸の内部にまで踏み込んだ、徹底的な個別人身支配が可能となった。その結果、兵役・力役の徴発、租税物品の徴収がたやすくなり、軍事・財政の両面において国力の増強がもたらされた。

官僚制と公民制は律令体制の根幹となるシステムであり、楯の両面と言うべき関係にある。天智朝においては、近江令という体系的法典が編纂・施行されることにより、まだ未熟な部分があった官僚制と公民制が練り上げられ、法として定着したのである。大化五(六四九)年の八省百官・天下立評と、近江令に基づく中央官制・庚午年籍とを比較するとき、その隔絶は明らかであろう。このように考えてくれば、倭(日本)の律令体制の成立は、天智朝に求めるのが妥当である。そして、きわめて強圧的な国家体制の本質を、緊迫した国際情勢に対処するための〈臨戦体制〉と把握したいと思う。

かつて井上光貞氏は、天智朝に「初期律令制国家」が成立したと論じた。事実認識にほとんど異論はない。ただ、「初期」には「未熟な時期」という意味合いがあるから、むしろ大化改新による体制変革がなされた孝徳朝〜斉明朝を「初期律令体制」、本格的な官僚制・公民制が始動した天智朝以降を「律令体制」と位置づけたほうがよかろう。システムの安定にはもう一段階の整備過程が必要であり、それをもって律令体制の確立と考えたいと思うが(第四章)、しかし天智朝の国家体制は決して未熟なものではなく、専制的な中央集権国家としての内実を十分に備えていたのである。

3　壬申の乱

六六八年、ついに高句麗が滅亡し、ユーラシア東部の国際情勢は新しい局面を迎えた。東方・北方・西方の対抗勢力を屈服させ、唐王朝はその最大版図を実現した。

唐と新羅の対立

東方においては、高句麗・百済故地の支配を安定させ、新羅の後方海上に浮かぶ倭を屈服させることが、六六九年段階での唐の課題であった。

倭王朝は天智八(六六九)年に新羅使を迎え、戦勝国からじかに高句麗の滅亡を聞かされた。迫りくる脅威をやわらげようと、天智天皇はすぐに遣唐使を派遣し、高句麗平定を祝ってみせたが、唐の倭国征討計画はすでに始まっていた。後世のモンゴル襲来に匹敵する、倭(日本)王朝滅亡の危機であった。しかしその翌年、情勢は一変した。

六七〇年、高句麗の遺民・鉗牟岑《かんむしん》が唐に反旗をひるがえし、安東都護府のある平壌を奪おうとしたところ、唐と提携しているはずの新羅がこれを支援した。鉗牟岑は高句麗王族である安《あん》勝《しょう》を奉じ、結局は殺されたが、新羅文武王はこの安勝を高句麗王に冊立し、高句麗支配への意欲をあらわにした。さらに同じ六七〇年の秋、新羅は唐が支配する百済旧領へと侵攻した。このときは文武王みずからが出陣し、百済の地の大半を占領したと見られる。翌年、新羅はさらに故都泗沘をおとし、百済全土を制圧した。こうして新羅は唐と訣別し、朝鮮半島統一に向けて動き始めた。

この六七〇年は、吐蕃がチベット高原から唐の西方領へ進撃した年でもあった。高句麗支配にあたっていた薛仁貴《せつじんき》が、大軍を率いてはるばる吐蕃征討に向かったが、さんざんに打ち負かされた。新羅の百済侵攻はその虚をついて行なわれたのであろう。唐の最大版図はほんの一瞬のことにすぎなかった。薛仁貴は翌六七一年、東征して百済の地を攻めたが、かの白村江において新羅軍と交戦し、またしても敗北した。

こうして唐と新羅が対立関係に入ると、唐の倭国征討は棚上げになり、天智天皇は一息つけそうなものであったが、実際にはそうならなかった。唐は、今度は倭と同盟して、新羅を挟撃しようと考えたのである。天智一〇(六七一)年正月、近江令を施行し、新しい政権首脳部が発足したばかりの倭国に、唐の百済鎮将・劉仁願の使者が来航した。その直後に「百済使」もやって来て、百済の軍事問題を協議しているから、おそらくは新羅の侵略を告げ、倭との共同作戦を探ったものと見られる。天智がどのように返事したかは、全くわからない。新羅も六月と一〇月に使者を派遣してきた。半島情勢が流動化するなか、倭王朝は唐・新羅の要求にどう答えるべきか、厳しい選択を迫られることになった。そしてまさにそういう時に、専制権力を握る天智天皇が重病に陥ったのである。

天智天皇の死

天智天皇が病を得たのは天智一〇(六七一)年九月で、一〇月中旬にはついに重態となった。天智は大海人《おおしあま》皇子を大津宮に召し、難局を迎えた倭王朝の後事を託した。それは彼の本心だったかもしれないが、大海人は陰謀かと疑い、これを辞退した。

そして、天智の皇后である倭姫王《やまとひめ》を天皇に立て、大友皇子に皇太子として国政を執らせるよう進言し、自分は出家したいと申し出た。天智がそれを許すと、大海人は内裏仏殿の前で鬢《ひげ》・髪をそって僧形となり、仏道修行のためと称して、妻子や舎人とともに吉野宮に向かった。

一一月下旬、大友皇子と五人の重臣、つまり太政官を構成する全メンバーが内裏仏殿に集まり、大友を中心として力を合わせ、天智の命令を守ることを誓い合った。同じような誓約は危篤状態の天智の前でもなされた。こうして王権・太政官の総意として、天智の後継者は大友皇子に決まった。

大海人皇子は天智天皇の弟で、甲子の宣を布告し、鎌足邸への勅使となるなど、天智の信任を得て倭王朝で重きをなしてきた。『日本書紀』は天智即位とともに東宮になったとし、「東宮大皇弟」「大皇弟」などと表現する。それが事実かどうかは不明だが、大海人はその出自から言っても、皇位を継承するに相応しかった。ところが、天智が采女との間にもうけた大友皇子は、能力・相貌ともにすぐれた人物だったらしく、天智は太政官制を始動させるにあたり、二四歳の彼をその首班にすえた。強い権限をもつ「東宮大皇弟」と太政大臣を並び立たせるような扱いを受け、大海人が猜疑心を抱いたのも無理はない。中継ぎの女性天皇を立てよというのは、推古や皇極の時のように、皇位継承に紛擾が起きかねない、大友はまだ天皇に相応しくない、との含意があり、それゆえ大海人はみずから政治権力を放棄し、反逆の意志のないことを示さねばならなかった。

一二月三日、天智天皇は四六年の生涯を閉じた。孝徳は難波長柄豊碕宮、斉明は筑紫朝倉宮、天智は近江大津宮と、激動期の天皇は三代続けて大倭を離れた王宮でみまかったのである。この時点で大友皇子が天皇大権を掌握したが、長い殯がすべて終わるまで即位はできなかった。

倭王朝はいよいよ難しい局面に立ち至っていた。郭務悰が唐皇帝の使者として筑紫に来航し、新羅攻撃への支援を要求してきたからである。総勢二千人、船四七艘という空前の使節団によって圧力をかけられた倭王朝は、国王の喪中であることを告げ、甲冑・弓矢と大量の献上品を差し出して、お引き取り願うしかなかった。しかし、新羅攻撃への協力を命ずる高宗の国書を受け取らされた以上、倭王朝としては何らかの対応を取らざるを得なくなった。『日本書紀』には外交・軍事の機微は書かれていないが、このように読むのが自然だろうと思われる。

壬申の乱

六七二年五月、郭務悰は筑紫から帰っていった。この月、大友皇子率いる倭王朝(以下「近江朝廷」とよぶ)は諸国に対し、人夫を差点し、武器を持たせるよう命じた。美濃・尾張の国宰がこの徴兵命令を受けたことは確実で、百済の役の影響が少なかった東国を中心に、全国規模で行なわれたものだろうか。おそらく唐・新羅戦争に関わる施策と考えられ、倉本一宏氏が力説するように、唐を支援する軍兵だったのかもしれない。

大海人皇子はこれを奇貨とした。大化の古人大兄皇子のように、坐して死を待つつもりはなく、決起の機会を窺っていたのである。美濃国安八磨評《あはちま》に所領があるのも支えになった。六月二二日、彼は舎人たちに対し、安八磨評の兵を確保すること、東海・東山諸国の兵を徴発すること、近江と美濃を結ぶ不破道《ふわのみち》を封鎖すること、この三点を指令した。「近江朝廷は罪もない私を攻めるため、山陵造営と称して兵を集めている」と非難しつつ、その兵を奪い取ろうという作戦である。二四日、大海人は吉野宮を出た。伊賀・伊勢を通り、二七日には美濃国不破評の野上《のがみ》(現岐阜県関ケ原町)に入って、そこを本営とした(図3－3)。

近江朝廷は二六日に反乱を知った。すぐさま常備軍を美濃と大倭にさしむけ、大海人追討・倭京(飛鳥)確保をめざすとともに、東国の国宰と吉備・筑紫の大宰に対し、軍兵を出すよう緊急命令した。このとき畿内諸

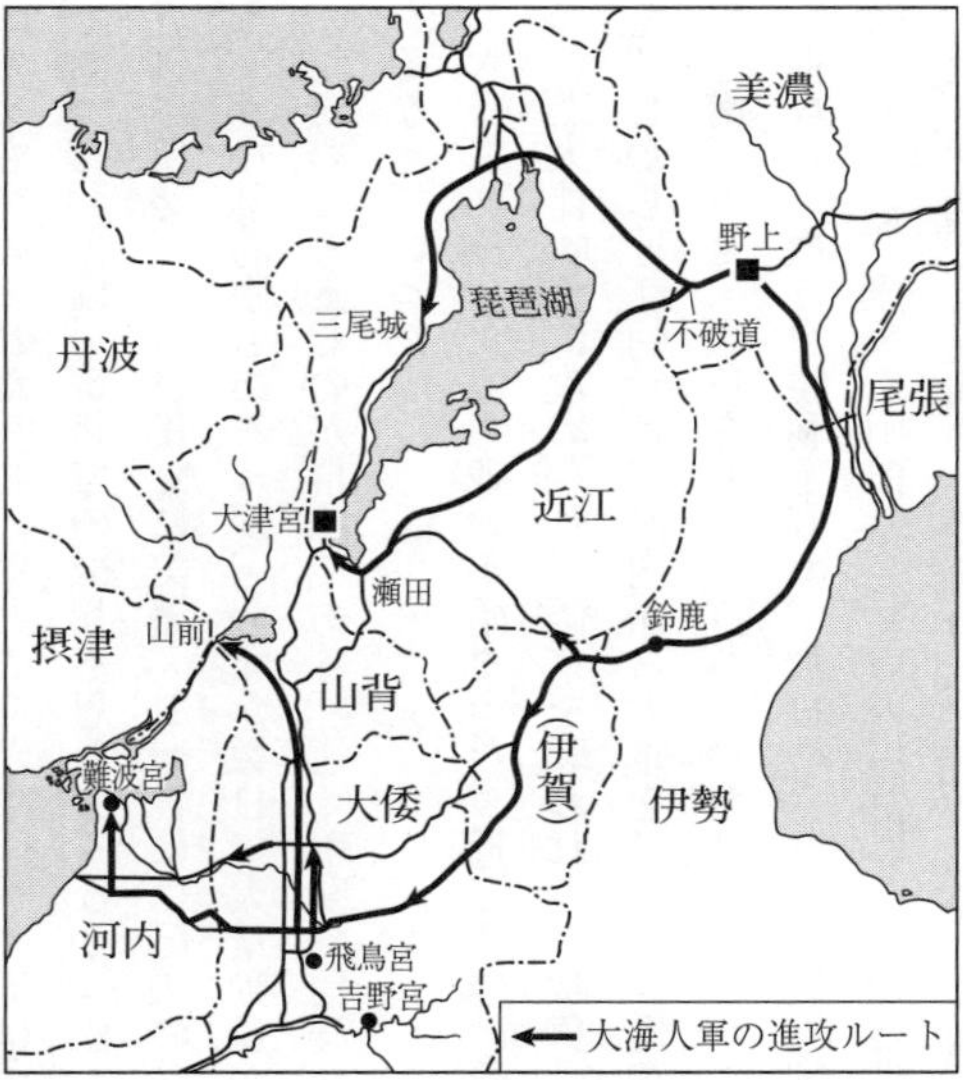

図3–3　壬申の乱要図

国の兵も集められたらしい。ところが東国への道はすでに封鎖されており、軍事動員は不可能であった。吉備・筑紫での徴兵も思わしくなかった。一方、大海人は国宰たちを手なずけ、二五日に伊勢、二六日までに美濃、二七日には尾張の兵を手中に収めた。尾張の兵は二万人という。かなり誇張もあろうが、わずか数日で大量動員ができたのは、それまでに国宰が徴兵していたためと考えるのが自然である。遠く甲斐や信濃からも精兵が集まり、反乱軍は圧倒的な力をそなえていった。

六月二九日、大倭で戦いが始まった。近江朝廷は飛鳥寺の西に軍営をおいたが、大海人方についた大伴吹負《ふけい》に攻められ、倭京を奪われた。吹負は豪族たちを糾合し、近江京を衝こうとした。しかし近江朝廷は、河内から大軍を送って大倭奪還をはかり、七月四日には山背から鎮圧軍を南下させ、吹負を大いに打ち破った。ところがこの日、大海人方の「数万」の軍が伊賀から進攻し、次々に勝利を収め、数日のうちに大倭を制圧した。大海人軍はさらに河内・山背方面に進撃し、難波や山前《やまさき》(現京都府大山崎町)などの要地をおさえた。

近江朝廷と大海人の主要兵力は、近江・美濃国境をはさんで対峙していた。「数万」の朝廷軍は犬上《いぬかみ》川のほとりに駐屯したが、七月二日に内紛が起き、将軍羽田《はたの》矢国《やくに》が大海人方に寝返った。大海人は彼を湖北に送り、北陸への道をふさぐとともに、北から近江京に向かわせた。近江国での戦端は七月七日、息長横河《おきながのよこかわ》(現滋賀県米原市)で開かれ、朝廷軍は大敗した。さらに九日に鳥籠山《とこのやま》（現彦根市）、一三日に安河浜《やすのかわ》（現守山市付近）、一七日に栗太《くるもと》（現栗東市・草津市付近）と敗北・退却を重ね、近江京の東南にあたる瀬田川を最終防衛ラインとした。しかし七月二二日、大軍に瀬田橋を突破されて、ついに近江朝廷は瓦解した。大友皇子は西国をめざして逃げたが、山前で進退きわまり、自殺した。その首級は二六日、野上行宮の大海人皇子に届けられた。近江朝廷の重臣たちも逮捕され、斬刑・流刑に処された。

こうして壬申の乱は終った。近江朝廷は無能で、将兵の志気も低く、智謀と勇気と忠誠にみちた大海人方に負けるべくして負けた、と『日本書紀』は書き立てるが、勝者の歴史をそのまま信じるわけにはいかない。実際には、近江朝廷から東国を切り離す電撃作戦が成功したことと、拠点地域の国宰や豪族を味方につけたことが、反乱軍を勝利に導いたのである。

飛鳥浄御原宮

大海人皇子は六七二年九月、野上行宮から飛鳥に戻り、後岡本宮に入った。大海人はさっそくその南側に新しい中枢施設の建設を始めた。この結果、後岡本宮は斉明・天智が用いた「旧宮」と天武が新造した「新宮」から構成されるようになった。「飛鳥浄御原宮」という嘉号がつけられるのは天武末年のことであるが、旧宮部分だけからなる後岡本宮と区別するため、これからは全体を浄御原宮と呼ぶことにする。

浄御原宮の新宮は、発掘調査で見つかった東南郭（エビノコ郭）がこれにあたる（位置は八五頁、図２－６参照）。東西九四メートル・南北五五メートルの区画で、屋根のついた掘立柱塀（複廊状の区画施設)を四周にめぐらせる。西門を正門とするのは、その外側(西側)の広場がちょうど旧宮の南側にあたり、新宮・旧宮どちらからでも使える儀礼空間(朝庭)だったからであろう。東南郭の中央には、正面九間《けん》・奥行四間(「間」は柱間のこと)の堂々たる正殿が建つ(図3-4)。飛鳥宮跡最大の建物で、倭国の王宮で初めて「大極殿」と呼ばれた。なお、考古学的な議論はあるが、文献には新宮の「西庁」が見え、朝堂をそなえていたことは明らかである。

図 3-4　浄御原宮東南郭正殿復原模型

新宮ができても旧宮が廃されたわけではない。おそらく新宮は国家儀礼や特別の政務に使われ、旧宮では一般の政務や日常生活が営まれたと推測される。その意味では、大海人が理想とした権力のあり方は、新宮や大極殿に表現されているのであろう。

翌六七三年二月、大海人皇子は浄御原宮で即位して天武天皇となった。『日本書紀』はこの年を天武二年と数える。即位にあたっては、壇場を築いて新天皇が登壇するという、伝統的な方式がとられた。のちの藤原宮や平城宮の時代、即位儀は大極殿で行なわれた。大極殿の中心にある高御座《たかみくら》は天皇位の象徴であり、高御座に就くことがすなわち即位であった。とすれば、新宮(東南郭)正殿には高御座がなかった可能性が高い。天武即位の段階では、巨大な王宮正殿るようになっても、その機能は後代とは異なっていたようである。

を建てても、王権に関わる儀礼や思想は整備途上だったのであろうか。やがて大極殿と呼ばれるようになっても、その機能は後代とは異なっていたようである。

天武天皇は内乱に勝利し、専制権力を獲得し、神格化された、といった考え方を目にすることがある。天武が専制権力を握ったことは事実であるが、天智天皇も本来、ブレーンばかりを重用するきわめて専制的な君主であった。「神にしませば」という常套句も、王権簒奪者という弱みがある天武周辺で、ことさらに言い立てられたものかもしれない。記紀や万葉歌が天武天皇を讃える表現・思想は興味深いが、彼の権力を考える場合にはやや距離をおき、天智天皇の存在を視野に入れて考えたほうがよかろう。

即位とともに、天武天皇は鸕野皇女《うののひめみこ》を皇后とした。鸕野は天智天皇の皇女で、天武の長子草壁皇子を生んでいた。天武は政治面において彼女を信頼し、つねにその補佐を得たという。その一方で天武朝に重臣はほとんど見当たらず、天武天皇と皇后鸕野の地位はまさに他と隔絶していた。天智朝の太政官六人はすべて壬申の乱で姿を消し、天武は即位後ずっと大臣を置かなかった。御史大夫が納言と改称され、参議・奏宣にあたったが、その重みは大臣とは比較にならない。やがて天武の皇子たちが政治に参画し、「皇親政治」と呼ばれることもあるが、それとて天武の専制権力を補うものにすぎなかった。なお、太政官組織の運用や職名にはこうした特色があったが、中央官制〈太政官―大弁官―六官〉全体は近江令のままで、修訂・変更がなされなかったことは、すでに述べたとおりである。

天武天皇は、近江令で整備された中央官制を天智から受け継ぎ、その治世を開始した。受け継いだのは官僚制だけではない。庚午年籍によって徹底された公民制もそうである。壬申の乱で動かした軍兵は、庚午年籍に基づいて徴発された者たちであったし、個人単位の課税も始まっていたであろう。天智天皇は近江令施行後、わずか一一カ月で死去したため、律令体制の成立を享受し、思うままに運用できたのは、実は天武天皇であった。

天智朝と天武朝

天武二(六七三)年から九年にかけて、官人の登用・勤務評定・給与、公民への課税・出挙などに関して、きめ細かな制度整備が行なわれた。礼制や神祇・仏教といった、イデオロギー面での政策もいくつか見られる。『日本書紀』を通読してくると、天武朝になって急に国家制度が整えられたように感じられる。そうしたこともあって、制度史研究が盛んな古代史研究者の世界では「天武朝画期説」が通説となっているのであろう。

しかし、『日本書紀』の編纂にあたり、浄御原宮以来の朝廷資料がふんだんに残されていたのに対し、大津宮の記録類が戦乱で失われたことを考慮しなければならない。それは『藤氏家伝』下の伝えるところで、このため天智紀は粗漏なものとなり、制度に関する記事も少ししか立てられなかった。しかし、天智朝の国制整備は近江令に結実した、画期的なものであった。

それに比べれば、天武ゼロ年代の法令はそれまでの制度を補い、細部を修正するようなものばかりである。よく重視される天武四年の部曲廃止詔も、全国的な戸籍作成を伴わず、公民制・身分制の大枠が変わらなかった以上、画期性な施策とは考えがたい。次章で述べるように、新しい動向は天武一〇年から始まる。「天武朝」を一括りにして歴史を考えるのは、実はかなり危ういことなのである。

このように天智朝と天武朝前半は、国制の面での連続性が強い。おそらく、それは国際情勢によるところが大きかった。唐と新羅の対立はいよいよ激しさを増していた。壬申の乱の起きた六七二年には、唐が平壌近辺の高句麗遺民を攻め、それを嚆矢として唐軍と高句麗・新羅軍の戦いは翌年まで続いた。新羅は防衛施設を築き、北辺に侵攻した唐・契丹《きったん》・靺鞨《まっかつ》連合軍と何度も戦った。六七四年、高宗は劉仁軌を鶏林道大総管《けいりんどうだいそうかん》に任じ、本格的に新羅征討を始めた。翌六七五年、新羅は大いに敗れたが、秋以降になって攻勢を強め、唐軍・靺鞨軍を次々に撃破した。そこで六七六年、唐は安東都護府を平壌城から遼東故城(現遼寧省遼陽市)に移転させた。これをもって新羅の半島統一とすることが多いが、次章で述べるように、唐はなおも反攻を計画しており、緊張状態はまだしばらく続いた。

近江朝廷は徴兵を行ない、唐・新羅戦争への対応を進めたが、壬申の乱以後、それがどうなったかはわからない。確実に言えるのは、天武が即位したあとは唐との交渉が絶え、新羅との外交が盛んに行なわれたことである。新羅はしばしば倭に使者を派遣し、時には高句麗使を帯同して、恭順な態度を示してみせた。それが背後の脅威を除くためであったことは言うまでもない。しかし天武天皇は、新羅に軍事的支援を行なうこともせず、当面は新羅との国交を保ちつつ、半島情勢の急変に備えようとした。

このように天武朝に入っても、倭国は〈臨戦体制〉を解くことができなかった。天智天皇が強化した国家体制は、天武天皇への最大の遺産となった。天智朝と天武朝前半は律令体制が姿を現わしたひと続きの時代として、「近江令の時代」と呼ぶのが適切であろう。

4 白鳳寺院の展開

川原寺

天智朝の飛鳥に創建された、倭国第二の官大寺が川原寺《かわはらでら》(弘福寺《ぐふくじ》)である。後飛鳥岡本宮から飛鳥川をはさんだ西隣にあり、宮と寺の南北中軸線はわずか三〇〇メートルしか離れていない。ここにはかつて斉明天皇の飛鳥川原宮があったが、斉明七(六六一)年から彼女の殯の場となり、そののち天智天皇によって壮麗な寺院が建てられた。軒瓦の年代から(図3-5)、近江遷都(六六七年)以前の創建と考えられ、おおむね六六〇年代半ばということになろう。天智が母・斉明の供養を願ったことは疑いない。最初の官大寺・百済大寺は百済宮と対になっていたが、飛鳥でも王宮と官大寺が隣接して建ち並ぶことになった。

　川原寺はさまざまな面で注目すべき寺院である。まず、その伽藍配置であるが、塔と西金堂が東西から向かい合い、その北側に中金堂が建つという特徴をもつ（五頁、図1－1参照）。同じような伽藍配置は、近江京の南滋賀廃寺や大宰府の観世《かんぜ》音《おん》寺でも用いられ、いずれも天智天皇と深い関わりをもつ寺院であった。天智朝勅願寺の基本形態と言ってよかろう。天智は大津宮に内裏仏殿を建て、仁王会《にんのうえ》に用いる百仏の開眼や、重臣の誓約に用いたことでもわかるように、仏教信仰にきわめて熱心であった。仏教・儒教を重視する大化以来の国家イデオロギーを受け継ぎ、その宣揚に努めたのであるが、枢要の地における寺院の創建、統一的伽藍配置の採用もその現われなのであろう。なお、時期は七世紀末に下るが、仙台市郡山遺跡に付属する郡山廃寺もよく似た伽藍配置をとり、その強い規範性を窺わせる。

図3–6　川原寺跡出土の塑像断片（天女頭部）

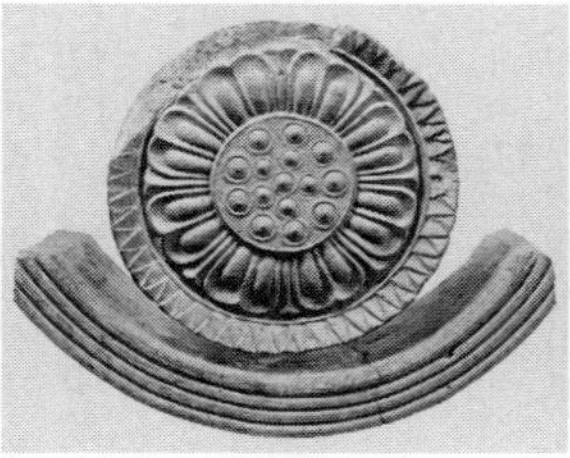

図3–5　川原寺式軒瓦

　天智によって造顕された川原寺の本尊は、いわゆる白鳳美術の代表作だったはずだが、今に伝わっていない。ただ、平安時代の火災の残骸を埋めた川原寺裏山遺跡では、優れた作風の塑像断片や三尊塼仏《せんぶつ》（堂内の壁を飾るタイル状の仏像）などが発見されている（図3－6）。粘土で仏像を製作し、新しい写実的表現を行なった初期の作例とされ、美術史的にも重要な位置を占めている。

軒瓦のデザインも斬新であった。飛鳥寺のような素弁瓦、山田寺のような単弁瓦ではなく、写実的で立体感に富む複弁瓦が採用された。この川原寺式軒瓦は強い拡散力をもち、全国各地のいわゆる白鳳寺院で次々に使われた。時期的には天武朝に下るものが多く、壬申の乱の褒賞として与えられたとする説もある。その当否は別として、孝徳朝前後の山田寺式軒瓦に比べ、天智・天武朝の川原寺式軒瓦はずっと大きな広がりを見せ、法隆寺式・紀寺式軒瓦の伝播がこれに続いた。倭国の寺院数は、推古三二（六二四）年の四六寺から持統六（六九二）年の五四五寺にまで激増したが、その多くは天智・天武朝に創建されたと考えてよかろう。

川原寺は、天武天皇からも手厚い保護をうけた。天武二（六七三）年、五百戸の封戸を施入するとともに、書生を集めて一切経《いっさいきょう》を写させた。この一切経によって川原寺は官大寺としての内実をそなえ、法会・修学面での機能を高めた。伽藍の整備もこれにあわせて進められたに違いない。天武は天智から仏教興隆というイデオロギー政策を継承したが、川原寺が二人の母・斉明を供養する寺院であったことを思うなら、いまや倭国唯一の王家となった押坂王家の「菩提寺」の経営も、彼の手に委ねられたことになる。

また、おそらく天智朝ころ、川原寺には二〇〇町もの寺田が勅施入された。それは畿内・近国に一〇～四〇町単位で置かれたまとまった所領で、一つ一つは「山辺荘《やまのべのしょう》」などと呼ばれる、れっきとした古代荘園であった。古代の荘園と言えば、天平一五(七四三)年の墾田永年私財法によって生まれたと考えられがちであるが、決してそうではない。弘福寺領荘園は七世紀後葉に遡る荘園であり、広大な田畠や山林を含みこむ「領域的な経営体」も少なくなかった。それは飛鳥の官大寺が地域社会に伸ばした手足であり、その由緒をたどれば、押坂王家の伝統的所領につながるものも含まれていた。

京内二十四寺

王都をふたたび飛鳥に移した天武天皇は、川原寺以外の寺院についても整備を行ない、国家・王権の護持をはかった。それは倭京の整備に関わる政策でもあった。

最初の勅願寺であり、押坂王家の根本寺院でもあった百済大寺については、天智天皇が父舒明・母斉明の造営事業を受け継ぎ、天智七(六六八)年に丈六釈迦如来像を施入した。ついで天武二(六七三)年、天武天皇は百済大寺を高市の地に移し、大量の財源を施した。その遺址は香《か》具山《ぐやま》西麓(木之本廃寺)、または雷丘北方の飛鳥川沿いの地と考えられている。移建された寺院には天武六年、「大官大寺《だいかんだいじ》」という寺号が与えられた。大官とは国王(天皇)の意味である。天皇を檀越《だんおつ》とする倭国第一の寺院として、天武は大官大寺を飛鳥近傍の地に置き、倭京の護りとしたのであろう。

倭国初の本格的寺院・飛鳥寺は、乙巳の変で天皇家に接収され、天智も帰依を捧げたが、本格的整備が進められたのは天武朝のことである。天武二年、一七〇〇戸という莫大な封戸が施され、おそらくそれを契機として修造工事が始められた。屋根瓦が大規模に葺き替えられたことがわかっており、同じような修理・改装は伽藍全体に及んだことであろう。富本銭《ふほんせん》で知られる飛鳥池遺跡の工房群も、この飛鳥寺改修のために稼働したと考えられる。一切経を読む大がかりな法会が催され、天武天皇や王族・貴族が参列するなど、飛鳥寺は王権に直属する寺院という性格を強めていった。

天武九(六八〇)年五月、天皇は金光明《こんこうみょう》経を宮中および諸寺で講説させ、「京内二十四寺《きょうないにじゅうしじ》」に布施をおくった。この二十四寺はほぼ特定されており、北は横大路、西は下ツ道、東は阿倍山田道周辺、南は檜前《ひのくま》から祝戸《いわいど》という、飛鳥の盆地を一回り拡げたエリアにあった。天武朝の倭京の範囲はこれとほぼ重なるわけである。大官大寺・川原寺・飛鳥寺を中心として(すぐに薬師寺が加わる)、これだけの数の寺院が倭京にあった事実を、決して見逃すことはできない。それらは天皇家や中央貴族・渡来人が建てた重要な寺院ばかりであり、あわせて四〇〇〇~五〇〇〇人の僧尼が住んでいたと推定される。つまり、倭京は国家イデオロギーである仏教の中心地・根拠地にほかならず、まさしく倭国最初の「仏都」であった。

この金光明経講説には、注目すべき点がさらにある。第一に、宮中で開催されたこと。浄御原宮は仏教施設をそなえた王宮であるが、そこに僧尼が招かれ、説法がなされたのであろう。このころ国家的な仏事は王宮で、天皇家の私的仏事は官大寺で行なわれることが多く、その意味で王宮は「仏教的秩序の中枢」でもあった。講説は浄御原宮を中心として京内二十四寺で行なわれた、とするのが正確であろう。第二に、全国的な金光明経流布に関わっていたこと。斉明朝・天智朝には護国経典として仁王経が重視され、天武朝には金光明経がこれに加わった。天武五年、全国に使者が派遣され、金光明経と仁王経が講説された。おそらくは経典の配布を伴い、全土への流布が期待されたものと思われる。仏都倭京における護国法会は、そうした全国的状況を見すえた方策であった。

経典講説の使者、すなわち全国に仏教イデオロギーを普及させる尖兵は、京内二十四寺の僧尼であったと考えてよい。また、地方寺院の建立にあたっても僧尼が技術面で大きな役割を果たした。たとえば百済の役から帰った備後国の豪族は、百済僧弘済《ぐさい》に寺を建ててもらったが、その際、弘済は仏像を造るため京に上ったという。むろん京から各地に赴いた僧尼も多かったであろう。仏教興隆という国家政策を背景に、さまざまな形で僧尼たちが往来し、全国五〇〇におよぶ白鳳寺院を成立させていったのである。中央寺院の軒瓦紋様が各地に広がるのも、そうした動きの一端を示すものであった。

天武九年四月、孝徳朝から続いてきた造寺支援政策が改められ、王権が直接関わるのは国大寺（大官大寺、川原寺、しばらくして薬師寺）と飛鳥寺だけになった。ほぼ半世紀にわたって、さまざまな援助が行なわれてきたと推察されるが、すでに仏教は列島社会に浸透しており、政策が変わっても寺院造営のうねりが消え去ることはなかった。

道昭

天智・天武朝に活躍した僧侶の一人に、道昭《どうしょう》がいる。彼は河内国丹比《たじひ》郡の人で、百済系氏族である船《ふね》氏の出身であった。よく知られているように、倭国の初期仏教の主な担い手は渡来系氏族であった。道昭もそのような環境で育ち、仏道に志したのであろう。

白雉《はくち》四（六五三）年、二五歳の道昭は、遣唐使に随行して唐にわたった。中臣鎌足の長子定恵と同じ船であった。長安城に入った道昭は、玄奘三蔵《げんじょうさんぞう》に師事した。玄奘はインド求法の旅から戻り、将来した六五〇部余りの経典の翻訳を進めていたが、倭人の道昭をことのほか愛し、経論は深妙で究めがたいから、禅を学んで東土に流伝せしめよ、と教えた。帰国にあたり、玄奘は舎利・経典をことごとく道昭に与えた。こうして道昭は、改新このかた仏教重視政策をとる倭国に、最新の漢訳経典を持ち帰ることになった。

苦しい船旅の末、道昭が倭国に戻ったのは斉明七（六六一）年のことであった。翌天智元（六六二）年には飛鳥寺の東南隅に禅院を建て、僧尼に禅行を教えた。しかし、しばらくして道昭は天下をめぐり、井戸を掘り、橋を架けるといった社会事業を始めた。それがいかなる機縁によるものかは定かでないが、奈良時代の行基《ぎょうき》がそうであったように、民衆への布教と不可分のものであったに違いない。平安時代の行基伝によれば、行基が河内国北端の山崎に至ったとき、船大徳《ふねのだいとく》(船氏出身の高僧、すなわち道昭)が淀川に架けた山崎橋の残骸を見出し、弟子たちと橋を架け直したという。山崎院跡(京都府大山崎町)では飛鳥寺禅院と同じ瓦が見つかっており、この伝承を裏付けるごとくである。架橋は「知識」と呼ばれる信仰集団がしばしば行なった宗教的行為であり、道昭も畿内各地の知識集団と関わりをもっていた可能性が高い。すでに天智朝ころには、仏都倭京の僧侶はこのような活動を展開しており、畿内地域の白鳳寺院はそうした観点からも考えてみる必要がある。

十数年の遊行ののち、天皇の招請をうけて、道昭は飛鳥寺禅院に戻った。それはおそらく天武朝後半のことであったろう。天武天皇の帰依を受け、道昭は禅院でいよいよ座禅に励み、やがて文武四(七〇〇)年に死去した。彼が遺した唐経はのちに「禅院寺経」と呼ばれ、文字の美しさと誤りのなさで知られた。しばしば天平写経の底本(親本)にも用いられ、奈良時代後半に発達する仏教教学(智)の源泉となった。

倭と唐、智と行、そして王権と民衆。かけ離れたさまざまな要素を、道昭は何の不思議もなく結びつけ、後代に大きな影響を与えた。それは大化改新から天智・天武朝にいたる時期の仏教が見せた、みずみずしく躍動的な姿の一つと言えるのかもしれない。

ここまで、大化改新以来の国家イデオロギーの基軸は仏教と儒教であると述べてきた。それは新しい国家体制を樹立する上で不可欠の思想的基盤であったが、しかし倭王朝が古墳時代以来の神祇祭祀を捨て去ったわけではない。旧来の氏の組織が残存したように、神祇祭祀も尊重され続けた。カミマツリは列島社会の基層信仰に属するものであり、国家的祭祀を執り行なうことは、倭王朝が伝統的支配権を引き継いでいることの証しであった。仏教が浸透してきたと言っても、神祇との関係が問題になることはまだ少なく、王権・社会を護持する際には仲良く住みわけていたのである。こうして改新以後も、神祇祭祀は国家イデオロギーとして独自の役割を保ちつづけ、やがて国制の整備にともない、律令神祇祭祀システムとして秩序づけられていった。

神々の文明化

大化元(六四五)年、新政権の発足とともに、孝徳天皇は飛鳥寺西の大槻の下に群臣を集め、忠誠をつくすことを「天神地祇」に誓わせた。斉明朝〜天智朝には仏教的宣誓が前面に出てくるが、天武八(六七九)年には吉野宮で「天神地祇および天皇」への誓いがなされるなど、時と場合によって適切な方式が選ばれたらしい。また、近江令官制施行にあたって「神事《かんごと》」が、持統即位に際して「天神寿詞《あまつかみのよごと》」が宣読されたように、新しい政治の始まりをことほぎ、神々の時代以来の由緒が語られることもあった。倭王朝は伝統的な天神地祇の観念を受け継いで、みずからの正統性のよりどころとしており、祭祀はそれと不可分の政治的行為であった。

しかし、カミマツリは七世紀に大きく変化したと考えられる。近年の考古学的研究によれば、八世紀以降、斎串《いぐし》・形代《かたしろ》・土馬《どば》といった「律令祭祀具」が多用されたが、その起源は七世紀中葉に遡るという。なかでも初現期のものが難波長柄豊碕宮周辺で見つかっていることは興味深く(図3-7)、王宮を起点として、七世紀後半に全国へ広がっていったという見通しが示されている。また神社については、もともと神殿をもたなかったのが、ある時期から建設が始まったようである。例えば島根県青木遺跡は美談《みたみ》神社の遺構と見られるが、神殿の建設は八世紀代と推定されている。文献的には、天武一〇(六八一)年に諸国の神社が修理されており、それ以前でも斉明朝~天智朝の記事しかない。こうしたことから、七世紀後半に神殿建設が広まった可能性が指摘されている。この考え方が正しいとすれば、祭祀具・神社というカミマツリに深く関わる事物が、民間道教や仏教の影響を受けて変化したことになる。神々の文明化、と言えようか。

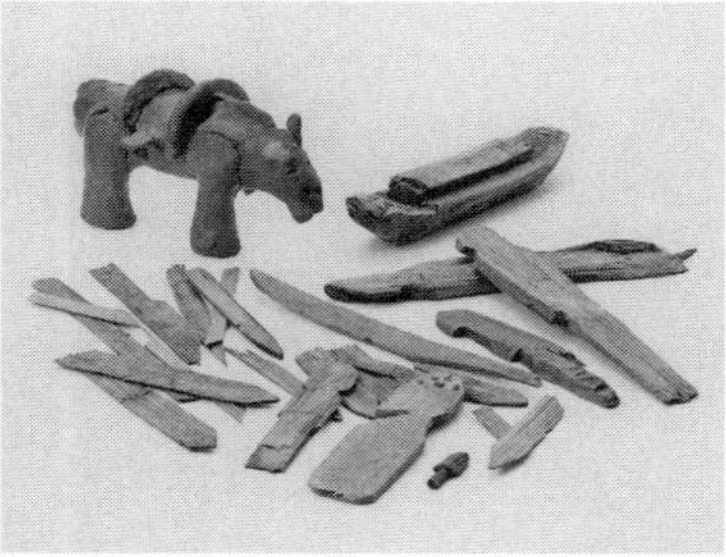
図3-7　難波宮跡出土の律令祭祀具

国家的祭祀の整備も、そうした動向と無関係ではなかったかもしれない。大宝令に定められた祭祀のうち、新嘗祭《にいなめさい》・相《あい》嘗祭《なめさい》・鎮花祭《ちんかさい》や伊勢祭祀など、多くのものは大化前代に遡ると考えられる。しかし、律令神祇祭祀を特徴づける祈年祭は、天智九(六七〇)年三月にそれらしき祭儀が初めて見え、天智朝の国制整備によって創始された可能性がある。天武朝前半には竜田神・広瀬神の祭祀が始まり、諸国大祓《おおはらえ》も行なわれた。律令神祇祭祀システムはふつう「天武朝」に成立したと言われるが、「近江令の時代」に整備されたと見ることもできる。大化前代からの伝統をもつ祭祀もそのなかで整えられ、新時代にふさわしいカミマツリの体系が形作られていったのであろう。

第四章　律令体制の確立

1　天武一〇年の転換

天武一〇（六八一）年は倭国の大きな転換点となった年である。その正月、神々に幣帛《みてぐら》（絹布などの捧げ物）を配り、さらに全国の神社を修理するよう指令したのは、改革を始めるにあたって加護を求めたものであろうか。それがすんだ二月以降、天武天皇は重要な命令を次々に発し、国家体制を体系的に整備していった。

手始めとなったのが、前章でも少しふれた律令改定の詔、すなわち浄御原令編纂の勅命である。天武一〇年二月二五日のこの詔により、新しい国家基本法が作られていったが、浄御原令の内容や目的を考える前に、同日に行なわれたもう一つの施策について述べておかねばならない。それは草壁皇子を皇太子に立てたことである。

草壁立太子

草壁皇子は天智元（六六二）年、天武天皇（当時は大海人皇子）と鸕野皇女の間に生まれた（図4－1）。大津宮で誕生したと『日本書紀』は記しているが、これは近江の大津宮ではなく、百済の役の出陣基地、筑紫の娜大津《なのおおつ》にあった宮と見られる。鸕野は大海人とともに斉明の「御船西征」に随行していたのである。このとき鸕野の姉にあたる大田皇女も大海人のキサキとして同

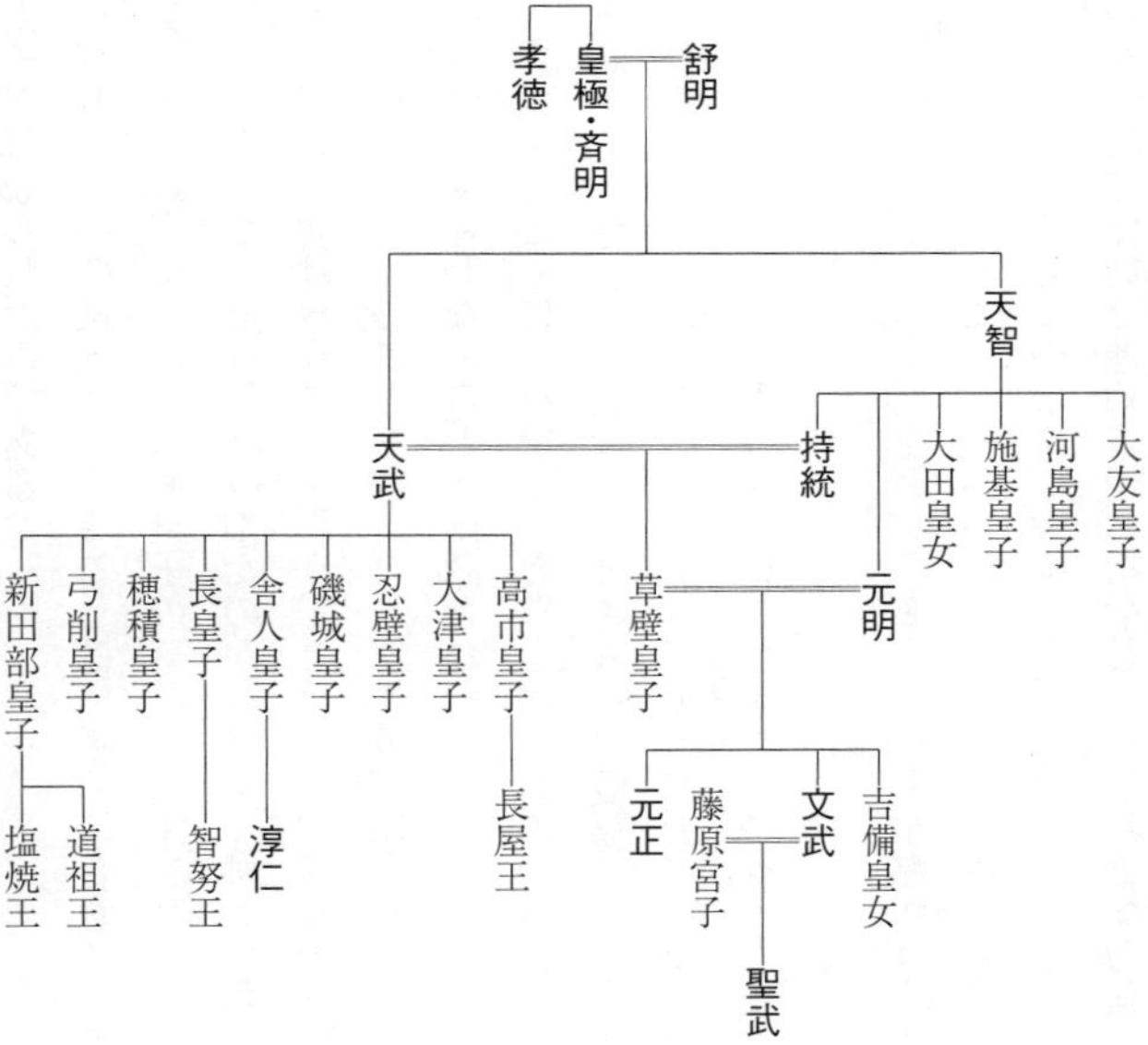

図 4-1　天皇家系図

行し、翌天智二年、やはり娜大津の地で皇子を生んだ。出生地のゆえか、彼は大津皇子と呼ばれたが、母の大田が早世し天武が即位して鸕野がその皇后となると、つねに草壁皇子の後塵を拝することになった。また天武は若いころ、筑前の豪族・胸形《むなかた》氏の女性をめとって長子高市皇子をもうけていた。高市は壬申の乱において天武をよく補佐したとされるものの、母の出自がすぐれないため、皇位継承においてきわめて不利な立場にあった。天武の皇子は全部で一〇人におよんだが、最も毛並みのよい草壁が二〇歳になったのを期に、立太子が行なわれたのである。

草壁を天武の後継者とすることは二年前に合意されていた。天武八年五月、天武天皇と皇后鸕野は吉野宮に赴き、天武皇子の草壁・大津・高市・忍壁、天智皇子の河島・施基《しき》とともに誓約を行なった。最初に進み出たのが草壁で、皇子たちはそれぞれ異腹であるが、天皇の命に従って互いに助け合うことを誓う、と言った。残りの五皇子も同じように申し、さらに天武・鸕野が彼らを慈しむことを誓った。この儀式により、草壁が皇子たちの首位にあること、誰もその秩序に逆らわないことが確認された。

立太子とともに、草壁は「万機を摂せしめ」られた。君主は一日に万機(数多くの国政案件)を処断すると称され、天武天皇はそうした職務(聴政)を皇太子草壁に委ねたことになる。もっとも天武は健康であったから、すべてを皇太子に委嘱したわけではあるまい。みずから天皇聴政を続けながら、ときおり草壁にこれを代行させ、君主としての訓練を積ませる計らいだったのであろう。

浄御原令

律令改定の詔は、天武天皇と皇后鸕野がともに大極殿に出御し、王族・貴族を召し集めた上で宣告された。天武は「朕はいま、さらに律令を定め、法令を改めようと思う。汝たちもこの事業に参画せよ。ただ、それればかりでは国政に支障をきたそうから、担当者を決めて作業を進めよ」と指令し、新令編纂への強い意欲を示した。

実は『日本書紀』のこの記事は「大極殿」の語の確実な初見である。万物の根源を「太極《たいきょく》」と言い、唐長安城の中心となる王宮は「太極宮」、その正殿は「太極殿」と呼ばれた。これに倣い、飛鳥浄御原宮の東南郭正殿も「世界の中心」たるべき名を与えられたのだが、大極殿の語は天武朝前半には全く見えず、天武一〇年頃になって命名されたものと思われる。国制を体系的に整備しなおす、その宣言の場に相応しい名称であった。

「律令」改定と言っても、浄御原令は近江令と同じく、律を伴わなかった。刑法は唐律をそのまま用いたらしく、むしろ行政の規範となる基本法典の修正・充実が図られたのである。浄御原宮には「造法令殿」という作業空間が設けられ、そこで近江令条文の点検、天武朝前半の勅命の条文化、新しい条文の作成といった作業が続けられたと見られる。天武九年には、国政に役立つ方策があれば「法則」にするので申し出よ、との詔が出され、一一年にも同じような命令が下された。時宜にかなった条文の策定が積極的に進められていったのであろう。

浄御原令は、天武没後の持統三(六八九)年になって諸司に配布された。それは「令一部二十二巻」であった。ここで弘仁格式の序文(八二〇年)を見ると、律令編纂の歴史が次のように語られている。天智元年(即位元年、六六八)に「令二十二巻」が制定され、世人は「近江朝廷の令」と呼んだ。ついで大宝元(七〇一)年に至り、藤原不比等らが「律六巻・令十一巻」を撰した。さらに養老二(七一八)年、不比等は「律十巻・令十巻」を定めたが、これが現行の律令(養老律令)である、と。この史料に浄御原令は現われず、近江令が浄御原令と同じ二二巻とされている。素直に考えれば、浄御原令は近江令の体系と構成を受け継ぎ、改訂・増補を施したものだったのであろう。近江令が二二巻だったというのは、あるいは改訂後の姿(つまり浄御原令)かもしれないが、それでも継承・修訂が行なわれたことに違いはない。かつて井上光貞氏は、近江令は浄御原令の中に発展的に吸収されたと述べたが、この理解が至当であろう。

浄御原令の条文は一条も残っていない。令の編目としては、公民支配の基本となる「戸令」、官人の勤務評定に関わる「考仕令」があったことが確実で、官僚組織を定める「官員令」も存在したらしい。このうち戸令に関しては、〈国―評―五十戸〉という孝徳朝以来の公民支配機構が、天武一〇～一二年に〈国―評―里〉に改められたことがわかっており、浄御原令の先行施行と理解することができる。ただし、五十戸と里は実質的には同じものと考えられ、中国風の用語を取り入れた点以外に新味はなかった。

浄御原令の性格については、大宝令との違いをどう見積るかで評価が変わってくる。大宝令は浄御原令に準拠したとする史料もあれば、大きく変化したと述べる史料もある。大雑把に言えば、公民支配のシステムについては二つの令で連続性が強く、行政組織とその運用については改訂部分も少なくない。しかし全体としては、大宝令制の基幹的な部分は浄御原令でできあがっていた、という印象を受ける。今後、さまざまな側面から総合的に考えていくべき問題であろう。

それではなぜ、天武天皇は近江令の改訂に乗り出したのであろうか。根本的理由としては、のちに詳述する「平時体制」への移行が挙げられるが、これに加えて「即位十年の節目」という意識があったのかもしれない。しかし、より直接的な理由として、皇太子となった草壁皇子の即位に備えて、基本法典に手を入れ、国制を整備しようとする意図があったことが考えられる。これと同様に、大宝律令は珂瑠(軽)皇子(文武天皇)、養老律令は首《おびと》親王(聖武天皇)の立太子とともに編纂が始まったと推察される。天武は「近江令の時代」における治世経験をふまえて、近江令を浄御原令にバージョンアップさせ、よく整った国家システムを新天皇に継承させようとしたのであろう。律令改定詔の宣布と草壁の立太子が同じ日に行なわれたのは、決して偶然ではなかった。

官人社会の秩序

天武一〇(六八二)年四月、「禁式九十二条」が立てられた。皇子から庶民まで、身分に応じてどのような服飾を用いるべきかを定めたものである。これを手始めとして、天武一〇年代には礼法に関わる法令が立て続けに出されていった。

まず服制であるが、天武一一年、官人が位冠・襅《まえも》・褶《ひらおび》・脛裳《はばきも》、膳夫《かしわで》が手襁《たすき》、采女が肩巾《ひれ》を用いることを禁じた。褶や肩巾は埴輪にも見られる倭国の伝統的服飾で、脛裳や手襁も同様であった。また男女とも髪を結うことが命じられ、男官は漆紗冠《しっしゃかん》をかぶることになった。古墳時代以来の形状を伝える冠はこうして姿を消し、黒くて髻《もとどり》部分が立ち上がる、私たちになじみ深い冠が日常的に使われ始めた。その後、天武一三年にも衣服に関する細かな規定が追加され、一四年には朝服の色が定められている。なお、男性の脛裳着用と女性の垂髪《すいはつ》は、朱鳥元(六八六)年にふたたび解禁された。

天武一四年、天智三(六六四)年以来の二十六階冠位制が改められ、四十八階冠位制が始動した。正・直・勤・務・追・進という抽象的な冠位(六六・六七頁、図2‐3参照)により、官人たちはいっそう厳しく序列化されることになった。四十八階冠位制はそのまま浄御原令に取り入れられたが、そうしたことは服制でも同じであったろう。

宮廷儀礼については、天武一一年に「礼儀・言語」に関する詔が出され、おそらく宮廷での振舞い・言葉遣いについて指示がなされた。さらに跪礼・匍匐礼などの朝礼作法が禁止され、「難波朝廷の立礼」を用いることが命じられた。ここにも倭国の伝統を改め、中国風の礼法に拠ろうとする態度が明瞭である。孝徳朝の作法の復活は、やがて建設される藤原宮の中枢施設が、難波長柄豊碕宮をモデルとしたことにも通じる。また天武一二年、文武百官と畿内の有位者が正月・四月・七月・一〇月の朔日に必ず朝参するよう指令し、翌一三年には「百寮の進止・威儀」の教習が命じられた。

こうして官人社会の秩序が整えられていくのに並行して、伝統的な政治組織である氏についても、その秩序が抜本的に変革された。すべて天武一〇年代の施策である。

まず、氏上制が徹底された。氏上制は天智三年の甲子の宣で創始されたが、まだ氏上を定めていない氏があったので、天武一〇年、これを決めて上申するよう命じた。さらに翌一一年、構成員の多い氏については、分割してそれぞれに氏上を定め、官(天皇)の処分を請うよう指示した。こうして氏の構成員を確定させつつ、それを束ねる氏上が厳密に決定されていった。この施策は官人制システムとも連動していた。同じ天武一一年、官人の考選(勤務評定・昇進)にあたり、新たに族姓(どの氏に属するか)が基準に取り入れられた。そのため、すべての官人の族姓を確定しなければならなかったのである。伝統的な氏の秩序は、かくして官人社会の秩序としっかり結び合わされた。

こののち天武一二年から一三年にかけ、倭直《やまとのあたい》・栗隈首《くるくまのおびと》・水取造《もひとりのみやつこ》・三宅吉士《みやけのきし》・船史《ふねのふひと》など五四の氏に「連《むらじ》」の姓(カバネ)が与えられた。その上で同一三年一〇月、諸氏の族姓を全体として改め、真人《まひと》・朝臣《あそみ》・宿祢《すくね》・忌寸《いみき》・道師《みちのし》・臣・連・稲置《いなき》の八つに整理統合することが宣告された。これが「八色《やくさ》の姓」である。同日、守山公《もりやまのきみ》・路公《みちのきみ》ら一三氏に真人姓が与えられたのを嚆矢として、翌年六月までに、大三輪《おおみわ》臣・大春日《おおかすが》臣ら五二氏に朝臣姓、大伴連・佐伯連ら五〇氏に宿祢姓、大倭《やまと》連・葛城《かずらき》連ら一一氏に忌寸姓が賜与されていった。四十八階冠位制が施行されたのは、ちょうどその間のことである。

天武一〇年代には、こうして官人社会の秩序が礼法・冠位制として整えられ、氏の組織もそれに適合するように改められた。孝徳朝・天智朝と段階的に発達してきた律令官人制が最終的に整序され、浄御原令制・大宝令制に直接つながっていくことになる。

律令的土器様式

古墳時代以来、列島社会では土師器《はじき》・須恵器という二種類の土器が使われてきた。土師器は弥生土器の系譜を引く、素焼きの赤っぽい土器であり、一方の須恵器は朝鮮半島から伝えられた、登窯《のぼりがま》を使って高温で焼く灰色の土器である。推古朝ころ、須恵器が金属器をまねて新しい様相を見せたことを第一章で述べたが、やがて律令体制下になると、宮都の食器は、(一)きわめて多様な器種に分化する、(二)大きさが規格化される、(三)土師器と須恵器が互換性をもつ、という顕著な特色を見せるようになった。西弘海氏はこれを「律令的土器様式」と呼び、律令官僚制の発達とともに大量の官人群が出現し、彼らの新しい生活形態がこうした食器のスタイルを生み出したと評価した。律令的土器様式論はその呼称に疑問が呈されているものの、基本的な理解は広く認められ、七～八世紀の土器編年についても西氏の研究成果が深化せしめられている。

七世紀の土器は現在、飛鳥Ⅰ～飛鳥Ⅴの五時期に区分されている(図4－2)。飛鳥Ⅰにおいて「金属器指向」と「大きさによる器種分化」が発生し、飛鳥Ⅱの時期にはそうした様式転換が定着し、発展した。飛鳥Ⅲにもこの方向性が受け継がれ、須恵器では古墳時代以来の杯類が

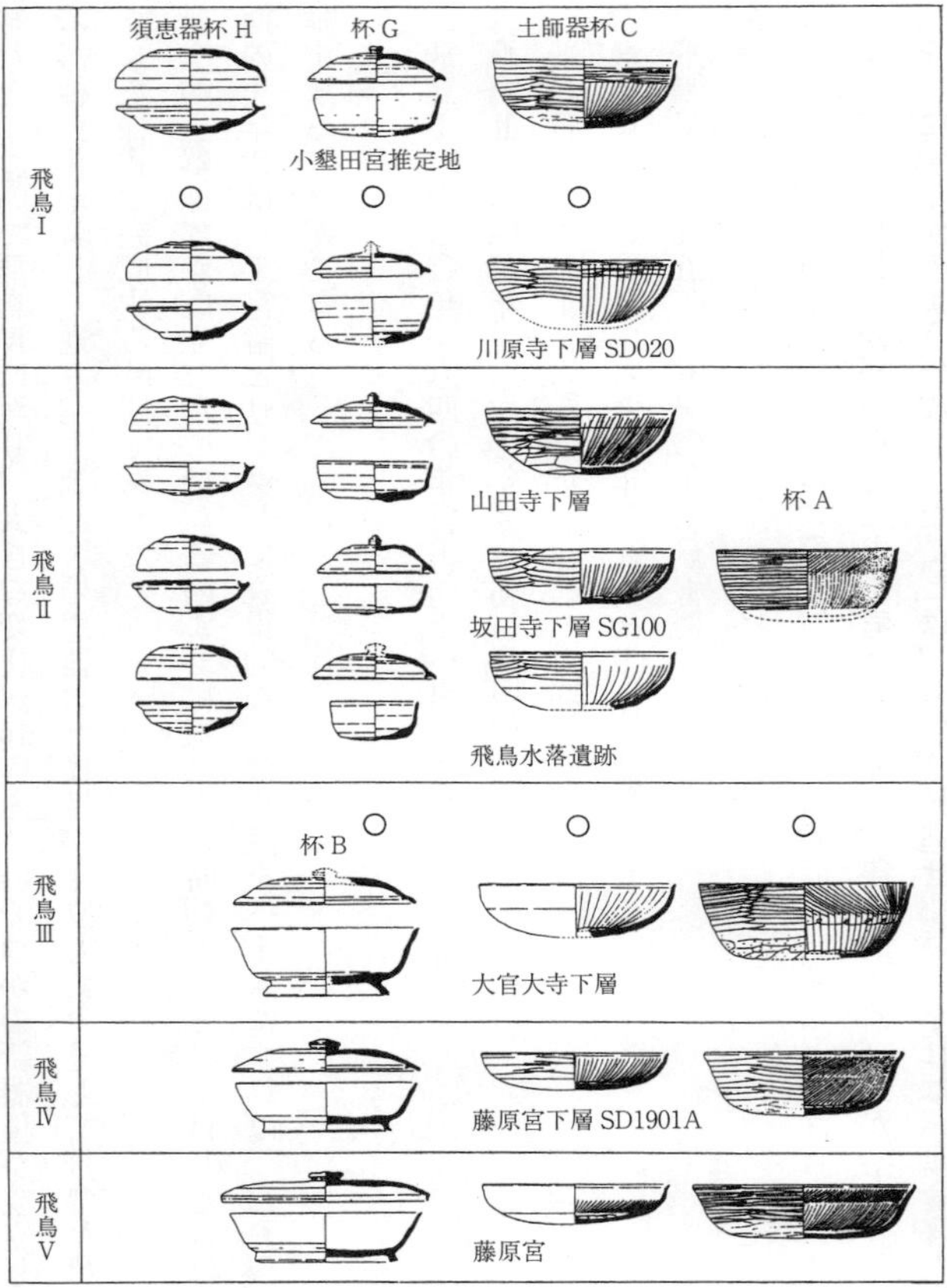

図 4-2　飛鳥時代の土器編年

消滅した。ついで飛鳥Ⅳに至り、大きな変化が起きる。いくつかの新器種が成立し、大きさによる器種分化が著しく進み、土師器・須恵器の互換性が確立した。そして飛鳥Ⅴは、飛鳥Ⅳで成立した様式が完成する時期であった。

律令的土器様式が成立したのは、このように飛鳥Ⅳの時期である。では、それはいつか。各時期の実年代は、王宮論とリンクして説得的な林部均説をベースにすれば、おおむね次のように推定することができる。

飛鳥Ⅰ　六〇〇年～六四〇年(推古朝～皇極朝)ころ
飛鳥Ⅱ　六四〇年～六六〇年(孝徳朝～斉明朝)ころ
飛鳥Ⅲ　六六〇年～六八〇年(天智朝～天武朝前半)ころ
飛鳥Ⅳ　六八〇年～六九五年(天武朝後半～持統朝)ころ
飛鳥Ⅴ　六九五年～七一〇年(藤原宮期)ころ

土器による時期区分が、国家制度の発達段階とよく合致していることが注目される。今後の研究によって実年代比定が多少動くことも考えられるが、律令的土器様式が〈天武一〇年の転換〉と軌を一にするかのように成立したことは、やはり見逃せない。それは「律令官人制の最終的整序」という天武の政策と深く関連していたのではあるまいか。

史書の編纂

天武一〇(六八一)年三月、浄御原宮大極殿において、天皇はまたもや重要な詔を発した。河島皇子・忍壁皇子以下、一二人の王族・官人たちに「帝紀および上古の諸事」を記し定めるよう命じたのである。中臣大嶋《なかとみのおおしま》・平群子首《へぐりのこびと》がその筆録にあたった。

これは通説どおり、最終的に『日本書紀』として結実する史書の編纂事業であったと考えられる。『日本書紀』は養老四(七二〇)年に完成し、舎人親王によって奏上された。原資料として、六世紀頃に筆録された「帝紀」(天皇系譜を中心とした歴史)・「旧辞」(上古の諸事。神代や天皇などの物語)を始めとして、朝廷の記録、諸氏の伝承、個人の手記、寺院の縁起、百済に関する記録など、さまざまな材料が用いられた。天武朝には中核となる「帝紀」「旧辞」の整理と筆録が行なわれ、持統朝以降も事業が続けられた。和銅七(七一四)年には紀清人《きのきよひと》・三宅藤麻呂《みやけのふじまろ》が編修に加わり、六年後ようやく完成をみた。

『日本書紀』と似た編纂過程をたどったのが『古事記』である。序文によれば、天武天皇は諸家から提出させた「帝紀」「旧辞」に偽りが多いため、正しく撰録しなおして後世に伝えたいと考えた。そこで「帝紀」「旧辞」に添削を加えて稗田阿礼《ひえだのあれ》という舎人に誦《よ》み習わせたが、天武の死によって事業は中断した。和銅四年、元明天皇は太安万侶《おおのやすまろ》に命じ、阿礼が誦んだ「勅語の旧辞」を撰録させた。こうして献上されたのが『古事記』三巻なのだという。

このように記紀と総称される二つの歴史書は、天武朝に「帝紀」と「旧辞」の整理・添削から始まり、八世紀前葉に書物として奏上された。しかし、『日本書紀』が数多くの原資料を用い、本文以外にさまざまな異伝・異説を併記するのに対し、『古事記』は添削を経た「帝紀」「旧辞」のみからなっており、史書としての性格は大きく異なる。それは国家的事業と天皇家の私的事業の違いであり、それゆえ『日本書紀』は朝廷で講義され、広く流布したのに対し、『古事記』はほとんど影響力をもたなかったのである。

しかしいずれにせよ、天武天皇が「帝紀」「旧辞」の本文を定め、「正しい歴史」として国家支配に役立たせようとしたのは事実である。神話も歴史も一定の意図のもとに整序され、王権を正当化するイデオロギーを提供した。神々と諸氏の伝統的秩序も明らかにされた。記紀は濃厚な政治性をまとっており、天武天皇や特定の人々の創作・改変が含まれているはずである。もっとも「帝紀」「旧辞」という六世紀、あるいはそれ以前の古伝が基礎になっていること、『日本書紀』編纂が集団作業であったことを思えば、天武朝以降における神話・伝承の改変については慎重に判断する必要があろう。

太安万侶の作業がそうであったように、「帝紀」「旧辞」の撰録には大きな困難がつきまとった。日本語をいかに漢字で表記するかという問題である。天武一一年には『新字《にいな》』という四四巻からなる書物の編纂が命じられたが、入唐経験のある境部石積《さかいべのいわつみ》がこれにあたったことから見れば、おそらく最新の字書だったのであろう。近年、天智・天武朝の木簡で音義（漢字の音や意味）を書いたものが見つかっており、漢字表記への関心が高かったことは明らかである。史書の編纂もそうした動向と無関係ではなかった。

天武一〇年代には、このほかにも藤原京の建設（後述）、諸国国境の確定、富本銭の発行など、国家支配の根本に関わる政策が相次いだ。そこには「近江令の時代」からさらに一段階進んだ、王権を中心とする体系的国制への指向が見て取れる。私は〈天武一〇年の転換〉によって始まったこの特色ある時期を「法と礼と史の時代」と呼んでいる。中国文化への接近、伝統の否定と再生――天武朝前半とは明らかに異なる時代相が、そこにはあった。

2　アジアの新秩序と倭国

唐・吐蕃・突厥

〈天武一〇年の転換〉は、荒っぽく「天武朝」を一括りにすることさえなければ、『日本書紀』からたやすく読み取れる歴史的事実である。しかし、なぜそうした転換が起きたかについては、倭国内部の状況だけでは説明できない。このときもまた、アジアの広域にわたる変動が倭の国家体制に大きな影響を与えたのである。

時をふたたび天武四（六七五）年に戻してみたい（図4－3）。この年の九月、六七〇年から続い

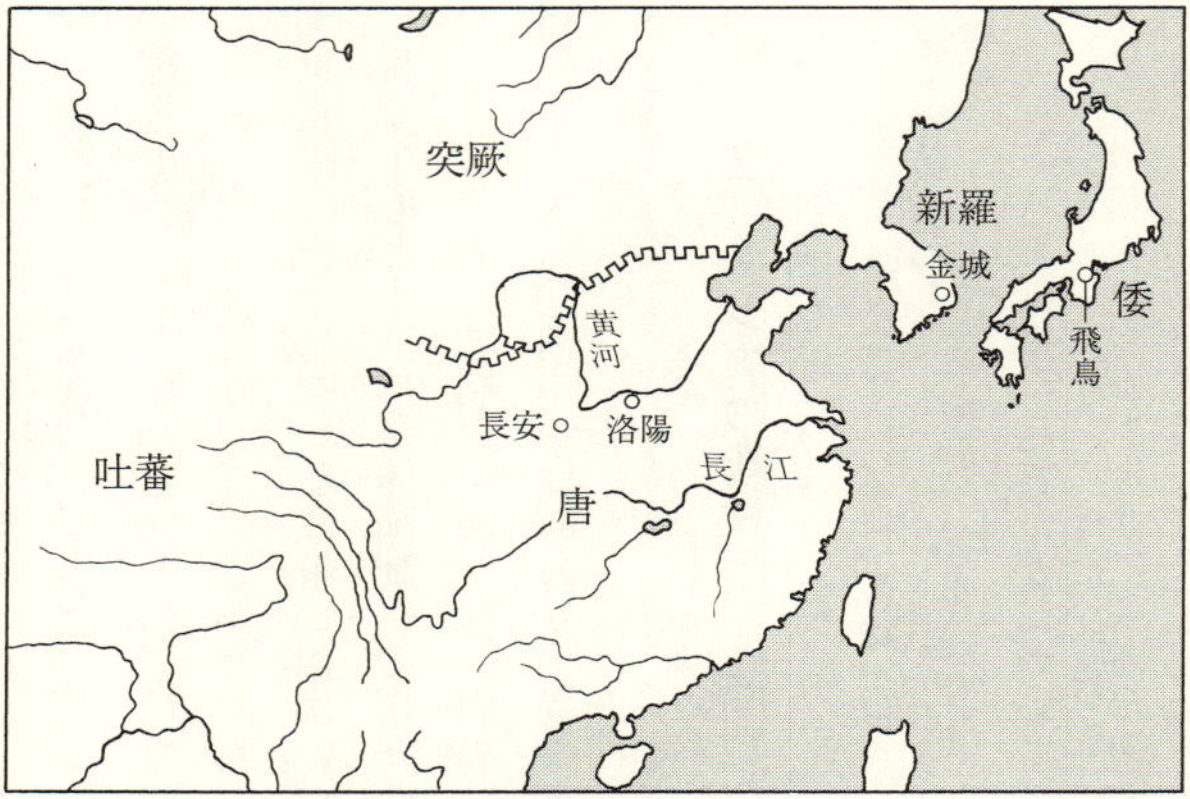

図 4-3　七世紀末のアジア東部

てきた唐・新羅戦争が、新羅の勝利というかたちでひとまず終結した。翌六七六年、唐は高句麗支配の拠点である安東都護府を平壌から遼東故城（現遼寧省遼陽市）へ、また百済を支配する熊津都督府を建安故城（同営口市）へ移した。さらに六七七年、安東都護府を新城（同撫順市）に再移転させるとともに、高蔵（高句麗王族）を遼東州都督、扶余隆（百済王族）を熊津都督に任命し、唐の内地に移されていた高句麗・百済の遺民をそれぞれ統括させた。このような唐の政策は、一見すると朝鮮半島の支配を放棄し、遼東地方まで撤退したかのようである。しかし、古畑徹氏が明らかにしたように、唐王朝は扶余隆に百済故地を統治させる意図をもっており、新羅による領有を決して認めていなかった。

そして六七八年、高宗は新羅を征討しようとした。しかし、この進攻計画は張文瓘《ちょうぶんかん》の諫言によって中止された。唐王朝が朝鮮支配再建を考え続けていたことは明白で、半島は依然として緊張状態にあったのである。ではなぜ、新羅征討計画は中止されたのか。それは張文瓘が諫言したとおり、チベット高原の吐蕃が侵攻してきたため、東征する余裕が唐になかったためである。六七六年から吐蕃はふたたび攻勢を強め、青海と西域(タリム盆地)への両面進撃を行なった。青海方面では六七八年まで唐をいくども大敗させ、西域方面では西突厥と連合し、唐の支配拠点である安西四鎮《あんせいしちん》(亀茲《きじ》・于闐《うてん》・焉耆《えんき》・疏勒《そろく》)を奪い取った。唐の新羅征討計画が中止された六七八年は、吐蕃が最も強盛となった時であり、東は青海、南はインド、西はタリム盆地、北は突厥にまで領土を拡げた吐蕃について、『旧唐書』は「漢魏より以来、西戎がこれほど勢力をもったことはない」と特筆している。新羅は六七〇年に続き、またも吐蕃の意図せざる援助を受けたわけである。

しかし六七九年以降、吐蕃は勢いを失った。王朝内部の抗争が原因となり、安西四鎮を唐に奪還され、青海でも退潮を余儀なくされた。吐蕃は六八五年まで雌伏の時を過ごし、唐と小競り合いを続ける。ところがちょうどその頃、唐の北方で突厥(東突厥)が急速に復興をとげた。六七九年冬、単于《ぜんう》都護府(中国内蒙古自治区ホリンゴル県)の支配下にあった突厥が反乱を起こした。唐は三〇万の大軍を発してこれを平定したが、突厥の勢力は衰えなかった。六八二年、突厥王族の阿史那骨篤禄《あしなクトゥルク》が遺衆をたばね、唐の支配に対抗した。単于都護府を陥落させ、いくども唐軍を撃破し、数年後にはモンゴル高原に覇を唱えた。突厥第二可汗国の成立である。吐蕃もまたもや西域への進攻を始めた。こうして六八〇年代、ユーラシア東部に〈唐―吐蕃―突厥〉という三極構造の政治秩序が生まれた。

唐の新羅征討計画は六七八年に中止されたが、その後も突厥・吐蕃との戦争が続き、東へ版図を拡げる余力はなかった。唐は朝鮮半島をさしあたり放棄せざるを得ず、新羅の支配領域はそのまま固定されることになったのである。

平時体制へ

新羅と倭にとって、唐の脅威は六七〇年代の終わりにひとまず消えた。唐の西辺・北辺における変動が、遠く離れた朝鮮半島や日本列島に緊張緩和をもたらした。六七〇年代には新羅使が倭に来るとき、唐水軍を警戒して「送使《おくるつかい》」が随行していたが、この措置は天武七(六七八)年をもって終わり、翌年から行なわれなくなった。新羅が制海権を握ったことの反映であり、倭王朝も新しい時代の到来を知ったに違いない。

こうして倭国の臨戦体制はさしあたり過去のものになった。天智天皇が厳しい状況のなかで構築した国家体制を、平時に相応しいものに組み直すことが、天武天皇の課題となった。そこで彼が選択したのは、官僚制に関わる制度を徹底的に改革するとともに、王権に関わる儀礼・イデオロギーを整序することによって、永続的な中央集権体制を確立することであった。ただし、基本的なシステムは臨戦体制下でできあがっており、いつ国際情勢が急変するかもわからなかったから、国家体制の根幹部分は改められなかった。このようにして「戦時体制から平時体制へ」の移行が進められ、倭(日本)の律令体制が最終的に確立していった。それが〈天武一〇年の転換〉の内実である。

新羅においても、緊張緩和とともに新しい国家体制への脱皮がはかられた。文武王が六八一年に死去し、神文王が即位すると、六八三年、百済故地に擁立されていた高句麗王安勝は、金姓を賜わって新羅の王都金城に定住せしめられた。翌六八四年、新羅は高句麗余衆が反乱を図ったとしてこれを制圧し、高句麗国を吸収した。かくして名実ともに半島統一をなしとげ、百済人・高句麗人をみずからの政治秩序に組み込んだ。これをうけて、六八〇年代には官僚制が周到に整えられた。執事部を頂点とする集権的中央官制が完成し、官人には官僚田と俸禄が支給されるようになった。地方行政においては〈州—郡—県〉の組織が確立し、五つの小京(副都)と九つの州が支配の拠点となった。これと並行して軍制も整備されていった。また、神文王は六八六年に遣唐使を送り、儀礼・文章に関する書物の下賜をうけた。新羅でも礼法と文章表現への関心が高まっていたことが知られ、それは六八二年に官吏養成機関である国学が創立されたことにも通じる。

このように六八〇年代、倭と新羅は歩調を合わせるように集権的国家体制を整備していった。唐の脅威がひとまず去ったことにより、双生児のように「平時体制」への移行が図られたのである。ただ、倭王朝が浄御原令という体系的法典の編纂に力を注いだのに対して、新羅王朝はそうしたことをせず、旧朝鮮三国の統一的支配に重きを置いた。倭では「律令体制の確立」、新羅では「戦後体制の構築」がめざされた、と言うべきであろうか。

この時期、倭と新羅の関係はきわめて緊密であり、さまざまな文物や情報が新羅から倭に伝えられた。そうしたことから、倭の国制整備は新羅の影響を受けたものである、と説かれることがある。しかし、法や制度が具体的にどう継受されたかという点になると、確実な事実はなかなか見えてこない。むしろ新羅と倭の制度的発展は、国際情勢によってもたらされた「並行現象」と理解したほうがよいと思われる。

唐では六九〇年、武則天《ぶそくてん》が皇帝位につき、国号を周《しゅう》と改めた。六九二～六九四年の戦争で吐蕃の西域支配を崩したが、吐蕃は六九六年より青海への攻勢を強めた。そうした中、遼西の営州(現遼寧省朝陽市)で契丹《きったん》の李尽忠《りじんちゅう》が反乱を起こした。営州にいた大祚栄《だいそえい》はこの機をとらえ、高句麗人・靺鞨人をまとめてマンチュリアに逃亡し、六九八年に独立政権を打ちたてた。高句麗の後継を自認する新国家・渤海《ぼっかい》の誕生である。その後のアジア情勢は唐・吐蕃・突厥の動きを主軸とし、契丹・渤海・新羅などがそれぞれ複雑に離合して進んでいくが、倭(日本)も決してそうした動きの部外者ではあり得なかった。

天武朝の終焉

天武一五（六八六）年五月、天武天皇は重病になった。壬申の乱から一四年、〈天武一〇年の転換〉から五年が経ち、倭王朝はきわめて安定していた。王権を握ってきた天武の回復を祈って、宮中・大官大寺・川原寺・飛鳥寺でさまざまな仏事が催され、諸社への奉幣、諸国の大祓、罪人の赦免などが次々に行なわれた。七月には実に三二年ぶりに年号「朱鳥」を用いることとし、同時に飛鳥浄御原宮の命名もなされた。

しかしさまざまな手だても空しく、九月九日、天武天皇は浄御原宮でみまかった。『一代要記』『本朝皇胤紹運録《ほんちょうこういんじょううんろく》』は享年六五歳とするが、それでは同母兄の天智天皇よりも先に誕生したことになってしまう。長子高市皇子が白雉五（六五四）年生まれなので、天武は五十代で死んだと考えるのが妥当であろう。なお、鎌倉時代に天武陵が盗掘された時の噂話を信じるならば、晩年の天武天皇の髪は白かったらしい。九月一一日、浄御原宮の南庭に殯宮《もがりのみや》がたてられ、二年二カ月におよぶ殯（葬送儀礼）が始まった。なかでも九月二七日から四日間にわたった誄の儀は最も重要で、王権への奉仕関係、すなわち倭王朝の組織をよく示すものであった。煩を厭わず列挙するなら、二七日は壬生（養育氏族）・諸王・宮内《みやのうち》・左右大舎人《ひだりみぎのおおとねり》・左右兵衛《とねり》・内命婦《ひめまえつきみ》・膳職《かしわでのつかさ》などの側近者が、二八日には太政官・法官・理官・大蔵・兵政官などの諸官が、二九日には刑官・民官・諸国司および隼人《はやひと》・馬飼部造《うまかいべのみやつこ》が、三〇日には百済王氏と諸国造が誄した。

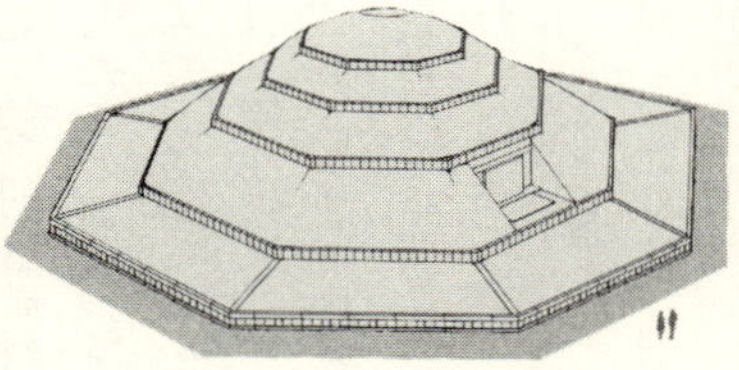

図 4-4　天武天皇陵の墳丘復原図

そうしたなか、一〇月二日に大津皇子の謀反が発覚した。大津は天武の第三皇子で、すぐれた容貌と才能をもつ若者であった。つねに皇太子草壁につぐ地位にあり、天武一二年に朝政を聴いたというのは、草壁と同じように天皇聴政を代行したものであろう。天武天皇が大津皇子を重んじていたことは明らかである。殯の期間は権力が不安定となり、政変が起きやすい。このたびも同じであった。死の床にあった天武は、大権をすべて皇后鸕野皇女と皇太子草壁皇子に委ねたが、その天皇が不在になるや、皇太子を廃する謀議がなされたというのである。大津に不用意な言動があったか、彼を即位させようとする勢力が動いたか、鸕野―草壁が危険分子を粛清しようと謀ったのか、確たることはわからない。いずれにせよ、大津皇子は即座に逮捕され、翌三日、訳語田《おさた》の家で死を賜わった。

皇太子草壁の地位はこれで固まった。草壁は五度にわたって貴族・官人を率い、殯宮で慟哭の儀を行なった。また天武の大内陵《おおうちのみささぎ》も、草壁が人々を率いて造営を始めた(図4-4)。彼がただ一人の皇位継承候補であることは、もはや誰の目にも明らかであった。六八八年一一月、布施御主人《ふせのみぬし》・大伴御行《おおとものみゆき》が最後の誄を奉り、当摩《たぎまの》智徳《ちとこ》が「皇祖らの騰極《ひつぎ》の次第」を述べ上げた後、天武天皇は大内陵に埋葬された。

持統天皇の即位

本来であれば、六八九年早々に草壁皇子が即位してもおかしくなかった。ところが、この年の元日朝賀には皇后鸕野皇女が出御した。『日本書紀』はその後も草壁の動静を記さず、四月になって突如、彼の死を述べる。おそらく草壁は前年末から病に臥していたのであろう。三月に大赦が行なわれたのも、平癒を願うものだったと考えられる。

皇位継承は一から考え直さねばならなくなった。草壁は二八歳で他界したが、天智の皇女阿陪《あへ》をキサキとし、珂瑠《かる》・氷高《ひだか》・吉備《きび》という三人の子女をもうけていた。愛息草壁を失った鸕野皇女は、当面の政治的混乱を避け、七歳の珂瑠にいずれ皇位を継がせるべく、みずから中継ぎの天皇となる道を選んだ。彼女は長らく皇后として天武天皇を補佐してきたから、即位はすんなり合意されたであろう。かくして翌六九〇年の元日、鸕野は即位して持統天皇となった。『日本書紀』は天武の死とともに持統が「臨朝称制」したと述べ、翌六八七年を持統元年と数えるが、実際の歴史はもっと陰影に富んだものであった。

『日本書紀』紀年では、草壁の死は持統三年(六八九)四月であったが、その六月、諸司に「令一部二十二巻」が班賜された。草壁即位に備えて編纂されてきた浄御原令が、本来の目的を失ったまま、施行に移されたのであろう。閏八月には戸籍の作成が命じられた。これが庚午年籍以来、二〇年ぶりに作成された「庚寅《こういん》年籍」である。庚寅とは翌持統四年の干支で、浄御原令の「戸令」によって作られた戸籍は一年ほどで完成した。このとき正丁四人に一人という徴兵率が決まり、六年一造の制も始まるなど(ただし次の戸籍は作成がやや遅れた)、律令公民制の確固たる基盤が定まった。

官僚制の面における浄御原令の施行は、持統四年のことであった。官人たちは「考仕令」によって勤務評定され、おそらく「衣服令」に定められた新しい朝服を着た。七月には高市皇子を太政大臣、丹比嶋《たじひのしま》を右大臣とする太政官が任ぜられ、中央・地方にわたる大規模な人事異動がなされた。ここに「官員令」が全面施行されたと考えられる。朝政における礼儀作法も事細かに指令された。こうして持統天皇の即位とともに、浄御原令を基本とする国家体制が本格的に始動したのである。

譲位と女性太上天皇

大友皇子以来、一九年ぶりに太政大臣となった高市皇子は、冠位・待遇のいずれにおいても皇子たちの頂点にいた。五千戸という破格の封戸が、彼の政治的立場を雄弁に語っている。草壁が「皇子尊《みこのみこと》」と呼ばれたのに対し、高市が「後皇子尊《のちのみこのみこと》」と称されたことも見逃せない。しかし、母の出自の低さにより、高市が皇太子に立てられることはなかった。皇親の代表として、また太政大臣として、高市皇子は持統天皇の政治をよく輔弼《ほひつ》したと考えられる。

高市皇子は持統一〇(六九六)年七月に死去した。皇太子にあらざる皇親の重鎮がいなくなった以上、天武の皇子たちが皇太子の地位をうかがうのは必定であった。どの皇子が成人していたかは、冠位の有無から判断できる。叙位された順に並べるなら、①忍壁皇子（浄大参《じょうだいさん》、母は宍人氏）、②穂積皇子（浄広弐《じょうこうに》、母は蘇我氏）、③長《ながの》皇子（浄広弐、母は大江皇女）、④弓削《ゆげ》皇子（浄広弐、母は大江皇女）、⑤舎人皇子（浄広弐、母は新田部《にいたべ》皇女）となる。出自・冠位の点で劣る忍壁皇子を除いても、すでに四人の皇位継承候補者がいたわけである。

持統天皇は、自分を輔弼してくれる高市皇子を失ったうえ、四人の皇子たちによって、草壁の遺児・珂瑠の即位をはばまれかねない状況に陥った。そこで彼女は、王族や重臣たちを内裏に召集し、皇太子を決める会議を開いた。群臣にはそれぞれ意中の皇子がおり、議は紛糾をきわめた。すると大友皇子の長子葛野《かどの》王が立ち、「わが国は子孫相承を祖法としており、兄弟相承は変乱の基である。さすれば皇嗣はおのずから明らかではないか」と述べ、口をはさもうとした弓削皇子を叱りつけた。この一言が国を定めた、と持統は喜んだと言うが、葛野王は彼女の意を汲み（あるいは意を受け）、このような主張を行なったのであろう。おそらく持統の巧妙なリードもあって、禁中会議は子孫相承、すなわち「天武—草壁—珂瑠」という直系皇位継承を是とすることでまとまったらしい。そして高市の死から半年後の持統一一年二月、珂瑠はわずか一五歳で皇太子に立てられた。

しかし、有力な皇子が何人もいることに変わりはなく、もし持統が不在となれば、皇太子珂瑠がそのまま即位できるとは限らなかった。そこで同年八月、持統天皇は皇太子に譲位し、みずからは太上天皇《だいじょう》として新帝文武を後見することにした。のちに「持統天皇は文武天皇に天皇位を授け、並びましまして天下を治められた」と称された政治形態である。持統は天武朝からずっと国政に関与し、天皇としても七年の治世実績があった。彼女が太上天皇として後見する以上、いくら未成年とは言え、文武の即位に反対することは難しかったであろう。倭国史上初の譲位——皇極天皇の譲位は事実上の廃位であった——はこうして持統天皇により、直系皇位継承を実現するために強行されたのである。

「天武—草壁—文武」に始まる直系皇位継承は、八世紀になっても重んじられた。そのために何人もの皇女が中継ぎの女性天皇となり、直系をつぐ男性天皇に譲位し、女性太上天皇となって後見を行なった。天平宝字《てんぴょうほうじ》六(七六二)年に孝謙《こうけん》太上天皇が淳仁《じゅんにん》天皇の権力を奪い取るまで、〈中継ぎ—譲位—後見〉という女性天皇の役割はずっと守られ続けた。これに対して、男性天皇は死ぬまで皇位にあるのを原則とし、太上天皇となるのは病気や出家、すなわち政治権力を放棄するときに限られた。八世紀の天皇制度において、男女の性差はこれほどまでに大きく、そうしたあり方を決定づけたのが持統天皇の譲位であった。

3　藤原京

新城から藤原京へ

持統八(六九四)年一二月、持統天皇は藤原宮に遷居した。倭国の王宮は飛鳥を離れ、東に香具山《かぐやま》、西に畝傍山《うねびやま》、北に耳成山《みみなしやま》を望む平原に営まれることになった。これを「藤原遷都」と呼ぶこともあるが、宮都造営の歴史をたどってみると、あまり適切な表現ではないことがわかる。簡単に言えば、飛鳥を中心とする倭京が大きく拡張され、その拡張部分(新城《にいき》・新益京《あらましのみやこ》)に王宮が移されたのである。史料に「藤原京」という言葉が見えないのもそのためであろう。しかし、すでに定着した、それなりに適切な名辞であるから、本書でもこの拡張・整備された王都を藤原京と呼ぶことにしたい。

『日本書紀』によれば、藤原京の建設が始まったのは天武朝のことであった。『日本書紀』に「新城」として見える都城(あるいは地域)がこれである。すなわち天武五(六七六)年、天武天皇は新城を都にしようとして、その範囲の田畠の耕作をやめさせたが、結局、造営は中止された。いかなる理由で中止したかはわからないが、この工事が実際に行なわれたことは、天武九年に発願された本薬師寺の伽藍が、それより古い条坊道路(都城の道路のこと。後述)を埋めて建設されたことから見て、ほぼ確実であろう。ただし、この時の道路敷設はのちの藤原京全域に及ぶものではなかったらしい。

天武一一年三月、天皇は改めて新城に使者を派遣し、地形を巡見させた。その結果、新城を都とすることとなり、天武自身もその地を検分した。〈天武一〇年の転換〉により、国家の儀容整備の一環として、改めて新宮都の建設がめざされたのであろう。造営工事は着々と進んだらしく、天武一三年には天武が「京師」を巡行して、「宮室の地」を決定するセレモニーを行なった。まず藤原京エリア全体に条坊道路を通し、その上で藤原宮の建設を始めたものと考えられる。藤原宮の下層には二時期の条坊道路(おそらく天武五年と天武一一年に造営された道路)があり、この条坊道路を壊して藤原宮建設のための運河が掘られたが、そこから天武一一年〜一四年の木簡が見つかっている。天武一〇年代に藤原宮の建設が始まったこと、それ以前に条坊道路が施工されていたことは明らかである。ただし、藤原宮・藤原京はきわめて精美な設計がなされており、王宮の位置は最初から決まっていたと見るべきであろう。

天武天皇は新王宮に入ることなく死去した。それとともに造営工事は中断されたが、持統四(六九〇)年に即位した持統天皇は、その年のうちに建設再開の意志を示した。翌持統五年には「新益京」の地を鎮める祭儀が執り行なわれ、官人たちには位階に応じた宅地が与えられた。そこから三年におよぶ建設工事が続けられ、持統八年に至って藤原宮遷居がなされたのである。

このように藤原京建設は、天武五年の着手・失敗のあと、天武一〇年代に本格的に開始され、持統朝に完成した。ここにも〈天武一〇年の転換〉の大きさを窺うことができる。新宮都建設も「平時体制」の一環をなすものであった。

十条十坊の王都

藤原京は倭国で初めて、碁盤の目のような都市計画によって建設された都城であった(図4－5)。条坊道路と呼ばれる東西・南北方向の直線道路がそれぞれ四一本、路面の中心間距離が約一三三メートルになるように敷設され、それらの間に「町」と呼ばれる街区一コマ一コマが形づくられた。この街区の内側に官人の邸宅や寺院が建設されたわけである。さらに町を一六コマ集めた、ひとまわり大きな正方形の区画を「坊」と言い、それが都市行政の基礎単位となった。

藤原京はこの坊を東西・南北にそれぞれ一〇区画ずつ集めた、正方形の都城であった。坊の東西の並びを「条」、南北の並びをまた「坊」と呼び、それゆえ方格に基づく都城の街割りを「条坊制」と称するが、この表現を用いるなら、藤原京は「十条十坊の王都」であった。全体の大きさは東西・南北とも約五・三キロメートルを測り、飛鳥の狭い盆地とは比べものにならない。そしてその中心には、東西・南北それぞれ二坊分を占める正方形の王宮、藤原宮が置かれていた。

このような藤原京の復原案は、小澤毅氏によって提唱されたもので、現在最も有力な学説となっている。しかし一九九〇年代までは、岸俊男氏による藤原京復原が鉄案であった。岸氏は

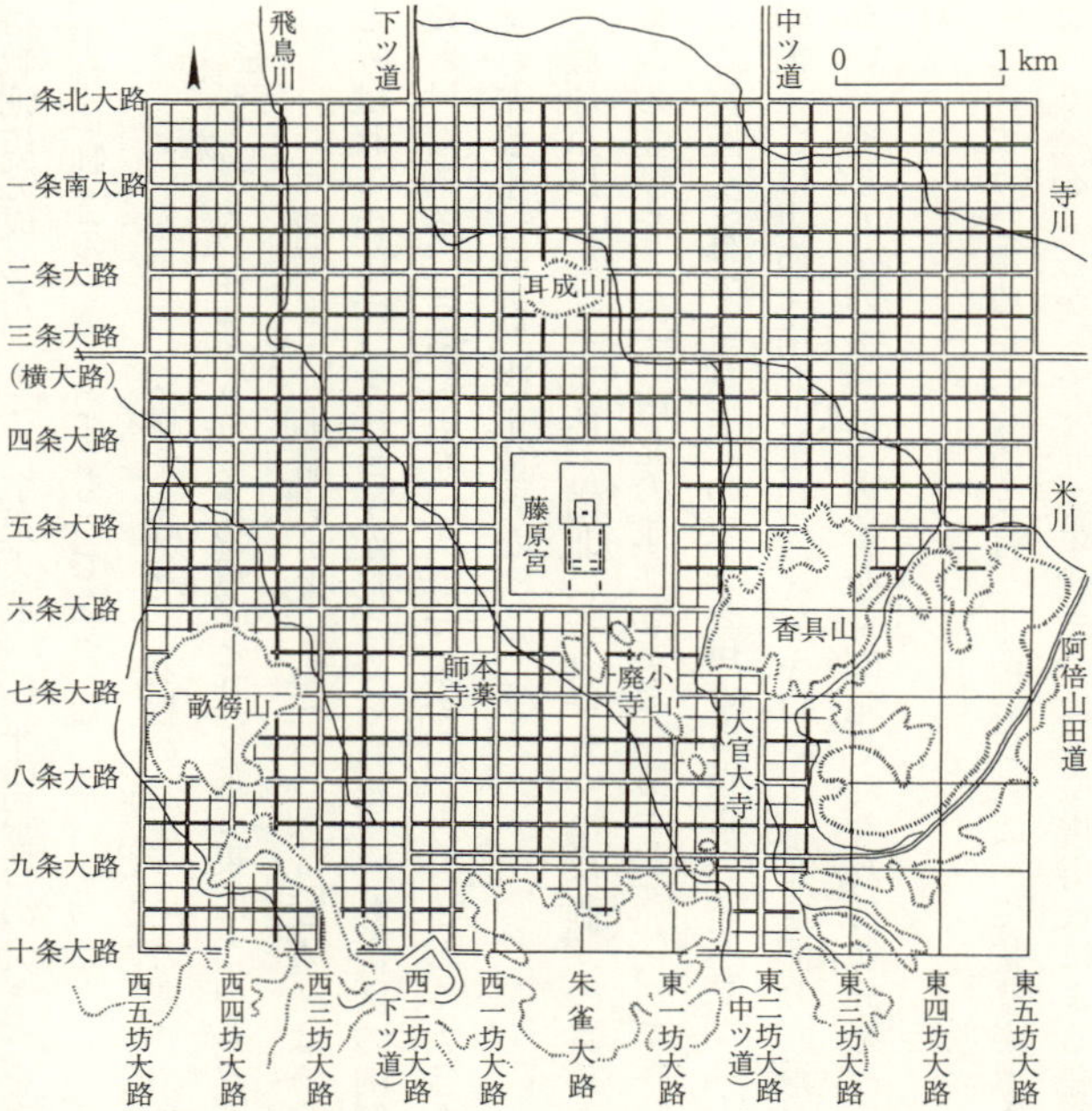

図 4-5　藤原京復原図（一部の条坊は模式図，条坊呼称は便宜的に平城京に準ずる）

奈良盆地を走る直線古道に注目し、それと密接な関わりをもって藤原京が計画されたと考えた。すなわち京域は北を横大路、東を中ツ道、西を下ツ道、南を阿倍山田道に限られたと想定し、京内は四町を一坊として、南北十二条・東西八坊からなっていたと復原した。また藤原宮の位置は発掘調査によってほぼ確定していたから、これを京内の中央北部に置いた。岸説によれば、藤原京の面積は三八四町となり、平城京一三四四町のざっと三分の一になる。つまり平城遷都は王都を三倍に拡大する措置であり、そこに律令体制の発展を読みとることもできた。

しかし、発掘調査が進むにつれ、岸説藤原京の外側でも条坊道路が発見され始めた。藤原京の条坊道路には幅一六メートル・九メートル・七メートルの三ランクがあるが、そうした様相は岸説の京内でも京外でも同じであって、ともに天武朝に始まるものと考えられる。三つの道路幅はそれぞれ大路・条間(坊間)路・小路に相当するらしく、坊(大路によって囲まれる)は平城京と同じように一六町で復原したほうが自然であることもわかった。一九九六年には十条十坊説に合致する東京極・西京極が、二〇〇四年には北京極とおぼしき道路が発見された。かくして岸説が劣勢になると、今度は「岸説藤原京→小澤説藤原京」という京域拡大説、逆に「小澤説藤原京→岸説藤原京」という縮小説が出されたが、いずれも説得力に乏しい。天武朝から十条十坊の藤原京が建設され、ずっと変化しなかったと考えるのが、最も妥当であろう。

ただ、岸復原案が否定されても、大和の古道と関わるかたちで藤原京が設計されたという卓抜な考証は生き残った。横大路・中ツ道・下ツ道を基準にし、それらを取り込みながら条坊道路が施工され、町の大きさもそれによって決まった。のちに平城京が造営される時にも、中ツ道と下ツ道は基準線であり続ける。もっとも小澤説によれば、藤原京は一六〇〇町もの広がりをもち、平城遷都はむしろ王都の縮小策であった。

藤原京の中心に位置する藤原宮は、東西九二八メートル・南北九〇七メートルの王宮であった(図4-6)。東西・南北の長さが違うのは施工精度の問題らしく、本来は一辺二六〇〇尺(約九二〇メートル)の正方形王宮として設計されたものと考えられる。

正方形の王宮

藤原宮の四周には大垣がめぐり、氏族名のつけられた十二の門が開いていた。中枢施設は難波長柄豊碕宮とよく似た配置をとる。南面正門(大伴門)を入ると左右に朝集殿が建ち、その北には広大な朝庭と一二棟の朝堂からなる朝堂院がある。朝堂院の北には天皇が住まう内裏が置かれたが、内裏の南部は大極殿院という特別な区画となっており、天皇権力を象徴する大極殿がそびえていた。また、大極殿院と朝堂院をむすぶ大極殿閤門は内裏の南門でもあり、藤原宮最大の規模を誇っていた。こうした中枢施設のまわりに数多くの曹司が配置され、国家行政、あるいは王宮・天皇に関わる業務が執り行なわれた。

藤原宮はその規模において難波長柄豊碕宮をしのぎ、律令体制の確立期にふさわしい巨大王宮であったが、建物の建築様式もまた画期的である。大極殿・朝堂院や大垣の門などが、礎石の上に建つ瓦葺き建築とされたのである。推定一五〇万枚もの瓦は、奈良盆地だけでなく近江・淡路・讃岐などでも焼かれ、工事現場に運び込まれた。太い宮柱が近江の田上山《たなかみやま》で切り出され、藤原まで運送されたことも知られている。こうしたこともあって、主要建物の工事には

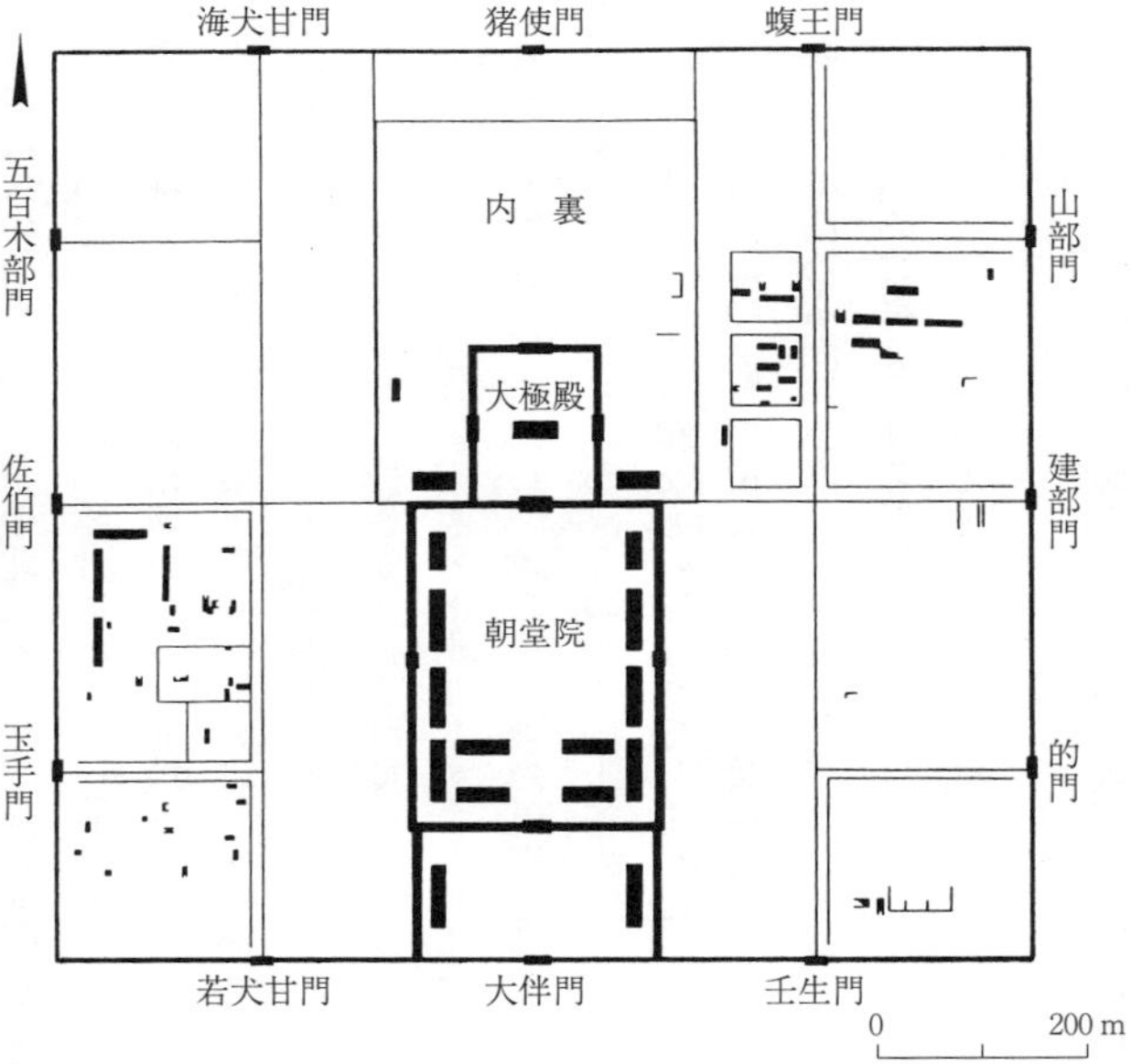

図 4-6　藤原宮復原図(門号は市大樹説)

時間がかかったが、中国風王宮の建設はついに完遂されたのである。

中国風と言えば、藤原宮全体の形状も唐長安城の王宮に似ている。長安城の主要王宮を太極宮といい、東宮・掖庭《えきてい》宮・太倉を含めて「宮城」と呼ぶ。宮城の南にはほぼ同じ大きさの「皇城」があり、数多くの官衙が建ち並んでいた。この宮城と皇城をあわせた区画(内城)はほぼ正方形をなし、その中心に王宮最大の門である承天門《しょうてんもん》が位置した。こうした知識をもって藤原宮を眺めると、やはり正方形王宮の中央に最大の門が開き、その北に内裏が、南に朝堂院がある。朝堂院の構造は難波長柄豊碕宮を受け継いだ独特のものだが、その東西に曹司群があったと推定され、「宮城―皇城」という長安城内城の基本構造が模倣された可能性は高い。

もっとも、長安城の宮城・皇城が王都の中央北端に置かれたのに対し、藤原宮は藤原京の中心にあって、両王都の設計思想は大きく異なっていた。藤原京の形制については、『周礼《しゅらい》』のいう中国の理想的都城の影響が指摘されている。正方形都城の中心に王宮を置き、前面に政治の場、背面に市を設け、東西・南北九本ずつの道路が通るというもので、確かに藤原京に似ているところが多い。しかし、藤原宮は唐の現実を手本としたらしいのに、なぜ藤原京は古典の理想によったのであろうか。そのために朱雀《すざく》大路は短くなり、日高山丘陵や飛鳥川にさえぎられ、儀礼空間として貧相なものになってしまった。平城京ではこの短所を克服するため、平城宮を北端中央に寄せ、朱雀大路を長大な道路に仕上げたのである。宮都の形制は国家・王権の荘厳に深く関わる問題であり、天武朝後半という時点において、藤原宮・藤原京それぞれの設計思想をさらに深く考える必要がありそうである。

複都制の模索

藤原京の建設と並行して、天武天皇は複数の都城をもつ制度、すなわち複都制の整備を進めていった。これまで難波京・近江京に遷都した際には倭京飛鳥がそのまま置かれていたから、実質的に複都制がとられたとも言えるが、今回は倭京を首都としたままで、別に陪都(副都)を定めようというのである。唐が西京長安・東都洛陽という両都をもち(のちに北都太原が加わる)、新羅が五小京制をとったのと同じような方策であった。

天武一二年(六八三)一二月、天武は「都城・宮室」は一処だけでなく、必ず二、三処を造営すべきであるとして、まず難波を陪都にすると述べた。このとき官人たちに現地で宅地を申請させたが、条坊制が施工されていた確証はない。天武八年に羅城《らじょう》(都城を取りまく城壁)が築かれたから、難波京の範囲は明瞭だったかもしれない。しかし天武一五年、大蔵省の失火によって難波長柄豊碕宮全体が焼失してしまい、難波京は中核施設を失った。この火災の痕跡は発掘調査でも検出されている。

ついで天武一三年二月、天武は畿内に使者を派遣し、都城を建設すべき地を占定させた。難波につぐ第二の陪都を置こうとしたと考えられるが、関連記事がないため、具体的にどこが候補となったかはわからない。むしろ興味深いのは、これと同じ日、信濃国に使者が遣わされ、地勢が調査されたことで、『日本書紀』はこの地に都を造ろうとしたものか、と述べている。三カ月後には調査が終わり、信濃国の地図が進上された。そして翌一四年冬、信濃にて行宮が造営された。東間温湯《つかまのゆ》(現長野県松本市浅間温泉)への行幸のためかと『日本書紀』は記すが、一連の動きから見れば、「信濃京」造営のための行幸であった可能性は否定できない。信濃が特に選ばれたのには、東間温湯での湯治、東国支配の拠点、畿内からの避難先確保といった理由を挙げることができよう。そして、こちらも天武の病気・死没により沙汰やみとなった。

結局のところ、複都制は掛け声倒れに終わった。難波京だけが陪都らしい陪都であったが、難波宮が焼亡した後は、天平六(七三四)年前後に後期難波京が完成するまで、さしたる役割を果たさなかった。複都制が実態をもったのは聖武朝以降のことと言ってもよい。しかし、天武天皇の王都理念を考える上では見逃せない政策であり、そうした構想を彼がどこから得たのか、興味は尽きない。

なお、持統三(六八九)年九月、筑紫大宰府に「新城」を監督する使者が派遣された。大野城・基肄城などに関わる施策かもしれないが、大倭国の「新城」が条坊制都城であったことを思えば、それに類した方格地割が施工されたことも想定できる。古代の大宰府には「大宰府条坊」といって、条坊制のような都市区画が設けられていた。近年の発掘調査によれば、大宰府条坊の施工は七世紀末に始まるらしく、『日本書紀』とよく合致する。複都制にも関わる問題として、調査・研究の進展が期待される。

天智天皇陵

藤原京・藤原宮造営に関連して、興味深い学説を紹介しておきたい。藤堂かほる氏は、天智天皇陵の位置を精査し、それが正確に藤原宮中軸線の真北にあたることを発見した。天智陵は京都市山科区の北部にあり、現在治定されているものは真陵とみて間違いない。したがって常識的に考えれば、天智の死後まもなく天智陵が造営され、そのはるか南に藤原宮中軸線が設定された、ということになろう。ところが、藤原宮中軸線は藤原京条坊制によって決まり、その条坊制は下ツ道・中ツ道(ともに天智朝より古い)を基準として設定されたから、天智陵によって藤原宮中軸線が決まることはあり得ないはずである。そこで藤堂氏は、むしろ天智陵のほうが新しく、ことさらに藤原宮中軸線の真北を選んで築造されたのであろうと推定した。『続日本紀』によれば、文武三(六九九)年に「越智《おち》山陵」(斉明陵)と「山科山陵」(天智陵)が修造されているから、天智陵はこのとき藤原宮の真北=「天極」に建設されたと考え、それは「律令国家の初代皇帝」という天智天皇の位置づけを象徴するものであった、と結論づけたのである。

律令体制の成立史において、天智天皇が特に重要な役割を果たしたことは、本書において縷々述べてきた。それゆえ彼は「天命開別天皇《あめみことひらかすわけのすめらみこと》」という、治績に相応しい諡号を奉られ、奈良時代にも聖君として讃えられた。また、忌日に行なう国家的仏事を「国忌《こき》」と言うが、大宝二(七〇二)年には天智・天武の二人だけが国忌の対象とされた。このような天智天皇観からすれば、藤堂説はとても自然な考え方として理解できる。

ただ、天智天皇陵が文武三年に新造されたことには、残念ながら確証がない。同時に工事された斉明天皇陵は天智朝に築かれたことが明らかで、それがこのとき修理されたのである。天智陵も同様ではなかったろうか。壬申の乱の影響で築造が未完成に終わったと考えることもできるが、確実にそう言い切れるものでもない。そしてなにより、天智陵と藤原宮大極殿の直線距離は五六キロあり、その間に山丘がいくつも立ちはだかっている。正確に南北に位置するのは、やはり恐るべき偶然ではないだろうか。

藤堂説の当否については、今後とも議論が続けられるであろう。ただいずれにせよ、斉明陵(牽牛子塚古墳)・天智陵(御廟野《ごびょうの》古墳)が七世紀末に修造されたことには注意が必要である。それらは舒明陵(段ノ塚古墳)・天武陵(野口王ノ墓古墳)・文武陵(中尾山古墳か)などとともに八角墳として知られる古墳である。天皇陵を八角墳とする慣習はいつ始まり、いつ終わったのか。そのことを考える場合、斉明陵・天智陵の造営年代はきわめて重要になってくるであろう。

八角形をした天皇陵については、大極殿の中央にすえられた玉座「高御座《たかみくら》」がやはり八角形であったこととの関係が注目される。高御座は藤原宮大極殿には確実にあったらしく、文武天皇の即位宣命に「天津日嗣《あまつひつぎ》高御座の業《わざ》」という言葉が初めて現われる。また、「やすみししわご大君」などと用いられる天皇の枕詞「やすみしし」とは、「八角(隅)知し」、つまり天下の隅々まで支配するという意味であり、ここにも八角形が立ち現われる。天皇陵と高御座の正八角形、そして藤原宮と藤原京の正方形――王権にまつわるイデオロギーが整序されていくなか、二つの象徴的なかたちが選び出されて、天皇支配の舞台を荘厳することになったのである。

4　変わりゆく列島社会

弥勒寺遺跡群　ユーラシア東部の変動に巻き込まれながら、倭国の支配層はいくつかの時点で機敏な対応をみせ、その積み重ねの上に律令体制を確立させた。七世紀の倭国史の流れは、基本的に外的インパクトによって方向が決まってきたのである。そして大化改新を経て、臨戦体制から平時体制へと推移していった国家体制が、列島社会のあり方を規定し、大きく変貌させていったと考えられる。そこで七世紀、特にその後半における列島社会の変化を、いくつかの側面から眺めわたしてみたい。

鳥瞰の立脚点にしたいのが、飛鳥の北東一五〇キロにある弥《み》勒寺《ろくじ》遺跡群である。岐阜県関市街地の北西に位置し、七〜八世紀には三野《みの》国牟下《むげ》評（美濃国武義《むぎ》郡）の中心となる場所であった。牟下評は三野国の北中部に位置している。この地域の伝統的な豪族として牟義都《むげつ》（牟下都・身毛などとも）氏がおり、牟義都国造に任じられて現地の支配を担うとともに、一族を「水取部《もひとりべ》」として王宮に出仕させていた。やがて大化改新とともに牟下評が立てられると、牟義都氏はその評造《こおりのみやつこ》（のち評督《こおりのかみ》・郡領《ぐんりょう》）をつとめたと考えられる。評造の子弟には舎人となって飛鳥に赴く者もおり、その一人が壬申の乱において軍勢徴発・不破道封鎖に成功し、大海人皇子の勝利への道を開いた身毛広《むげつのひろ》であった。

牟下評を北から南に貫いて、鵜飼で名高い長良川が流れている。長良川は関市池尻付近で大きく屈曲するが、弥勒寺遺跡群はこの曲流部の内側に立地している(図4-7)。狭い河岸段丘の上の東西約七〇〇メートル・南北約三〇〇メートルの範囲には、中央に白鳳寺院の弥勒寺跡、東に牟下評家(武義郡家)跡である弥勒寺官衙遺跡、西には律令祭祀や寺院経営に関わる弥勒寺西遺跡があり、西端には一辺二四メートルの方墳・池尻大塚古墳が残る。池尻大塚古墳は牟義都氏に関わる墳墓と考えられるが、それに隣接した水上交通の要衝に、牟下評(武義郡)の主要施設がまとまって営まれていたわけである。

評家と白鳳寺院

弥勒寺は牟義都氏の氏寺と見てよく、中世まで弥勒寺という名の寺院が存続したから、古代にもそう呼ばれていたのであろう。西に金堂、東に塔、北に講堂をおく法起寺式伽藍配置をとり、川原寺式の複弁蓮華紋軒丸瓦が出土している。平瓦には凸面布目という、飛鳥の川原寺と同じ技法が見受けられる。寺の創建は天武朝に下ると見てよく、身毛広の活躍もあって、壬申の乱との関わりが論じられてきた。川原寺式軒瓦が「褒賞」だとする学説の根拠にもなってきたのである。弥勒寺から尾根を一つ越えた西側には、弥勒寺西遺跡の小世界がある。律令祭祀具が多数見つかり、水辺の祭りが行なわれた場と考えられているが、それとともに「寺」「大寺」などと書いた墨書土器が出ており、弥勒寺の僧房や経営施設

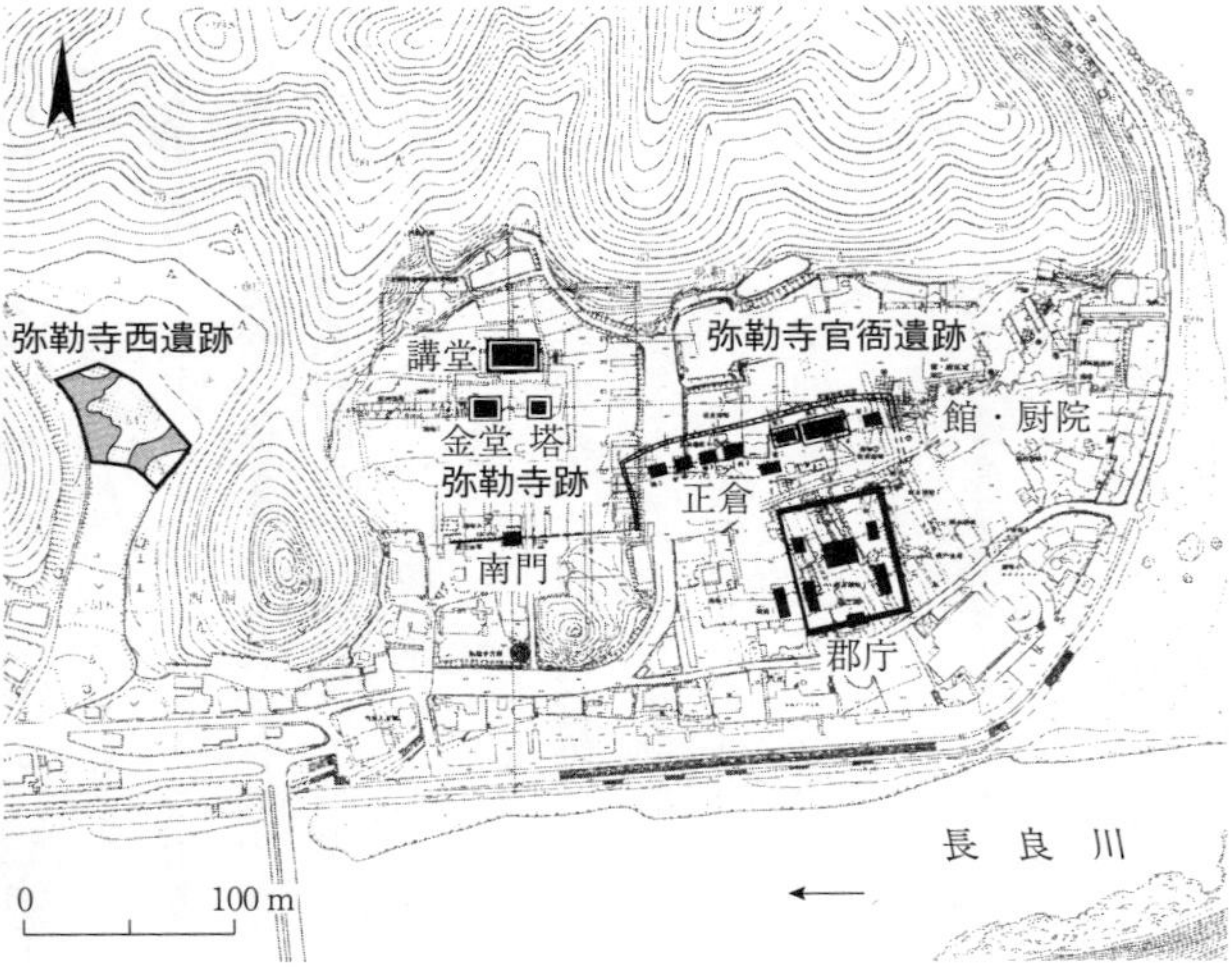

図 4-7　弥勒寺遺跡群

などがあったと想定される。

東側の弥勒寺官衙遺跡は、郡家の全体像をとらえることのできる稀有な遺跡である。八世紀の武義郡家の中枢施設である郡庁院では、正殿と四棟の脇殿が検出されている。ここで郡家の政務や儀礼が執り行なわれたのであろう。周囲から実務的な建物も見つかった。郡庁院の北側には武義郡の正倉がある。高床の倉庫が何棟も建ちならび、正税《しょうぜい》(大税《たいぜい》)や郡稲と呼ばれる稲穀が蓄積され、美濃国の財政を支えていた。遺跡では炭化した米も見つかっている。目の前を流れる長良川の水運を使って、稲穀などの物資が運ばれたのであろう。正倉の東隣は館《たち》・厨院《くりやいん》と呼ばれ、伝馬を使って行き交う地方官人たちの休息・供給の場であったらしい。これらの遺構はすべて八世紀のものであるが、注目すべきは、弥勒寺官衙遺跡のほぼ全域において下層の建物遺構が検出されたことである。規模の大きなものも含まれ、七世紀後半の牟下評家に関わる建物群と考えられる。

弥勒寺遺跡群が「評家―白鳳寺院」のセットとして成立したのは、天武朝のことだったらしい。しかし、評家の成立はもっと遡るであろう。古墳時代までの倭国にほとんど存在しなかった「地方官衙」が、大化改新によって美濃の地にも出現し、整備が加えられて八～九世紀の郡家に成長していったのである。すでに述べたように、初期の評の総数は約五〇〇と推定されるが、実は白鳳寺院の数もそれとほぼ等しい。評が全国にまんべんなく設置されたのに対し、白鳳寺院の分布には偏りがあって、単純に「一評一寺」とは言えないのだが、それでも両者が双生児のように生まれ、広がったことは事実である。評家と白鳳寺院はそれぞれの地域の新しいセンターであり、列島社会の文明化の象徴であった。弥勒寺遺跡群の地に立てば、そのことが実感として納得されるであろう。

租税の貢納と生産

三野国牟下評と言えば、二章でふれた荷札木簡が想起される。庚午年籍以前に部とは無関係な「五十戸」が存在したことを明示した、あの木簡である。ここで改めてその内容を紹介しておこう（写真は六四頁、図2-2）。

(表)　乙丑年(六六五)十二月三野国ム(牟)下評
(裏)　大山五十戸造ム下部知ツ
　　　　従人田部児安

大山五十戸は、岐阜県加茂郡富加町大山にその名をとどめている。弥勒寺遺跡群から東へ七キロ、長良川の支流津保《つぼ》川に面した静かな農村である。その大山五十戸を束ねる牟下部知ツが責任者となり、何らかの物品が後飛鳥岡本宮に貢進されたのだが、類例から推せば、それは翌天智五(六六六)年の正月儀礼に用いるモチ米だったと考えられる。

孝徳朝に評が建てられると、それぞれの評家には、国司や使者の供給、貢納品の調達などのための財源が置かれた。八世紀には「郡稲」と呼ばれたが、七世紀なら「評稲」だろうか。王宮儀礼用の穀物もそれによって調達されたらしく、この年は大山五十戸で収穫されたモチ米が選ばれ、俵につめて荷札が付けられたのであろう。

こうした荷札木簡は大化前代にも存在したらしいが、租税貢進に広く用いられるようになり、書式が整えられたのは七世紀後半から八世紀初頭にかけてである。多くの場合、荷札は郡家(評家)で作成され、租税物品に取り付けられた。それを国司がざっと確認し、京に運んだのである。国司の駐在する国庁は、七世紀代にはまだ独立せず、主要評家に付属する状態だったと見られ、それぞれの評が地方行政で重い役割を担っていた。地域社会の有力者たちは評家に出仕し、彼らの手によって戸籍や木簡に代表される末端の「律令文書行政」が支えられた。列島社会への文字文化の浸透は、この回路によるところが大きかった。弥勒寺官衙遺跡でたくさんの硯が出土していることが思い出される。ただし、問題の荷札木簡は儀礼用物品に付けられたためか、書式がよく整っており、国司も何らかのかたちで関わったかもしれない。

律令体制下の租税の代表は「調」である。調は一般に、公民それぞれが指定物品を生産し、地方官衙に収めるもののように思われがちである。しかし、例えば美濃国の主要な調品目である絁《あしぎぬ》(のち絹)は高価な生産物であり、民衆が自給自足するようなものではない。むしろ郡家(評家)やその周辺に製糸・製織などの工房が置かれ、公民たちの調絁が生産されたと見るのが妥当である。これは東村純子氏が絹布について解き明かしたところであるが、若狭の塩、駿河の堅魚《かつお》に関しても同じような知見が得られている。つまり郡家(評家)は租税貢進の拠点であっただけでなく、租税物品の計画的な生産センターでもあったことになる。公民たちはそこで働いたり、代納物を支払ったりしたのであろう。「郡家(評家)工房」による生産体制は、七世紀後半を通じ、国家側の需要から形作られていったと推定してよい。やがて国庁が自立していく八世紀前葉になると、高級織物が「国衙工房」で生産されるようになるが、七世紀の評家工房はその先駆けであった。

弥勒寺遺跡群の実態を考える上では、租税の生産・貢納という視点も重要である。それは全国の評家関連遺跡についても言えることであるが、こうした地方官衙の働きを基盤として、「個別人身支配」と呼ばれる律令公民制支配が成り立っていた。

暦の普及　文字文化の浸透、文書行政の進展とともに、美濃の地域社会にも暦が普及していった。さきに見た木簡には、乙丑年(天智四年、六六五)十二月という年・月が記されている。モチ米の貢進にあたった人物は暦によって「今この時」を知り、荷札に書き付けたのであろう。荷札だけでなく、さまざまな行政文書にも日付が入れられたはずであり、木簡や板に書かれた暦(出土例は少なくない)が牟下評家に備え付けられていた可能性は高い。

七世紀の倭国では「元嘉暦《げんかれき》」という暦が使われた。元嘉暦は中国南朝で元嘉二二(四四五)年に施行された暦で、百済がこれを用い、倭にも五世紀後半ころ伝来した。当初は百済から毎年輸入していたらしいが、六世紀中葉には暦博士を招請し、暦を造らせることにした。推古一〇(六〇二)年、百済僧観勒が暦法を伝え、倭王権はようやく自前で暦を作成できるようになった。さらに七世紀末、浄御原令の施行とともに暦の制度も整えられ、持統四(六九〇)年には暦を内外諸司(八省と全国司か)に分け与える「頒暦《はんれき》」制を始めるとともに、唐の最新の暦である「儀《ぎ》鳳《ほう》暦」をそれまでの元嘉暦と併用するよう命じた。このように、暦の制度が本格的に始まったのは七世紀のことであり、「平時体制」下になって全国への頒布システムが形作られたのである。

しかし乙丑年木簡で見たように、すでに持統四年の頒暦制以前から、地方官衙では暦が用いられていたと推定される。屋代《やしろ》遺跡群(長野県更埴《こうしょく》市)でも「乙丑年十二月十日」と記した荷札が見つかっており、暦の使用が遅くとも天智朝初年に遡ることは、まず疑いない。頒暦という朝廷儀式が行なわれなくても、国・評の地方行政機構を通じて、暦は列島各地にもたらされたのであろう。現在のところ、年や日付を記した最古の地方木簡は、三条九ノ坪遺跡(兵庫県芦屋市)出土の「三壬子年」と記した木簡で、白雉三(六五二)年壬子のものと推定されている。その後、天智朝には乙丑年木簡が右のように二点あり、さらに天武朝になると、年・年月・年月日を書いた荷札木簡が十数点遺存している。とすれば、暦の全国的普及は大化改新にともなう〈国—評—五十戸〉制を起点とし、七世紀後半に本格化したと考えるのが妥当であろう。

暦はもともと中国の制度である。天文の運行を観測し、これに基づいて暦を定め、人民に授けるのは天子たる者のつとめであった。それが年号制・時刻制などとともに、皇帝による時間支配を形作り、国家行政に規律を与えた。七世紀の倭もこうした中国的な理念・技術を取り入れた。それは王都飛鳥から始まって列島各地に広まり、官人・支配層だけでなく、一般公民の生活や意識にも深い影響を与えたに違いない。

弥勒寺遺跡群の地にあった牟下評家は、地域社会の公民を戸・五十戸という単位で支配するだけでなく、彼らの口分田を管理し、耕作状況を把握して、租税を取り立てた。古代の列島各地では、こうした土地支配を行ないやすくするため、弥生・古墳時代以来の耕地を大きく改変し、一辺一〇九メートルの方格地割を造り出した。このような土地区画、およびそれによって土地を管理・支配するシステムを「条里制」と呼ぶ。農地の条里制は、都城の条坊制とならんで、古代を代表する方格地割であった。

方格地割と直線道路

美濃(三野)国では、濃尾平野においていくつかの郡(評)にまたがる大規模な条里が見られる一方、山間部の平地にはそれぞれ小さくまとまった条里が存在する。牟下評の条里は後者であった。弥勒寺遺跡群から見て長良川の対岸、現在の関市役所の北側に広がる条里遺構が最も大きいものである。その北西の長良川左岸にも水田は連続し、広坦な田園地帯を形成している。牟義都氏の本拠地はこのあたりと考えられているが、なぜか条里は残っていない。長良川の氾濫により古代の土地地割が消え去ったものらしい。

それでは、列島社会の耕地のすがたを一変させた条里制地割は、いつ施工されたのであろうか。美濃(三野)国についてはわからない部分も多いが、八世紀前葉に整備されたとする意見がある。駿河国の静清《せいせい》平野では八世紀前半に東海道が開通し、それと密接に関わりながら広域条里が施工されたことが判明している。他の地域においても、直線道路である駅路が敷設されたのは八世紀前葉ころと考えられ、それを基準線として、条里の方格地割が施工されることが多かったと見られる。それとともに、八世紀中葉になると方格地図を用いた土地管理システムが整備されていった。

このように列島各地に方格地割と直線道路が広がるのは、八世紀に入ってからのことと推定される。武義郡(牟下評)でも公民の雑徭によって新しい畦畔と用水路が造成され、長良川沿岸の水田景観は姿を変えていった。美濃と飛驒《ひだ》を結ぶ駅路も貫通し、ときおり駅鈴を鳴らしながら駅馬が走り抜けるのが見えた。目を郡外にやれば、濃尾平野にはまことに広大な統一条里が形成されていく。それにどれほどの労働力が投下されたか、また何を基準線とした工事が行なわれたのか、考えるべきことは多い。

しかし、八世紀の方格地割・直線道路は突然現われたのではない。それには七世紀に遡るモデルがあった。すなわち大倭国や河内国では、七世紀後半〜末に条里地割が施工されたことが判明している。大倭国では南北方向の下ツ道、東西方向の横大路が条里の基準線となっており、この二本の直線道路は七世紀前葉に敷設されたと見るのが妥当である。同じようなことは河内国でも指摘でき、要するに王権お膝元の畿内地域では、七世紀の早い時期から直線道路が通され、それを利用して条里制が整備されていったのである。藤原京の条坊制の基準線がやはり下ツ道・中ツ道と横大路であったことは、すでに述べた。列島の大地に刻まれた大規模な方格と直線は、律令体制による空間支配を象徴する遺構であるが、その始まりはやはり激動の七世紀、王都周辺の地にあった。

七世紀史の終焉

文武四(七〇〇)年は七世紀最後の年であった。文武天皇は一八歳、彼を後見する持統太上天皇は五六歳。持統の権威によって、倭王朝は安定を保っていた。

三月一〇日に飛鳥寺の道昭が亡くなり、倭国最初の火葬が行なわれた。五日後、官人たちに新令の読習が命じられ、律の撰定が始められた。大宝令はすでに成り、最初の律である大宝律の編纂に移ったのである。六月、忍壁皇子らが律令撰定の功を褒賞された。二年前に藤原姓を受け継ぎ、朝廷で重きをなし始めた藤原不比等の姿もそこにあった。大宝律令は翌年八月にすべてが完成し、国家制度はいっそう整備の度を高めることになる。それとともに国号は「日本」へと改められ、「倭」の時代は静かに幕をおろしていった。

藤原宮遷居から五年あまり、宮内のここかしこで建設工事が続けられている。うららかな日を浴びて、香具山も、耳成山も、畝傍山も指呼の間にある。しかしこの一〇〇年、本当にさまざまなことが生起した飛鳥の都は遠く、丘陵にさえぎられてあまりよく見えない。ただ明日香風だけが往時のまま、いたずらに吹き過ぎていた。

おわりに――ハニフのサトから

奈良の正倉院には、大宝二(七〇二)年の戸籍が伝えられている。御野《みの》(美濃)国・筑前《ちくぜん》国・豊前《ぶぜん》国・豊後《ぶんご》国のものが残っているが、それらは戸籍として重要だから正倉院に納められたのではない。朝廷に進上された戸籍が、八世紀半ばに金光明寺《こんこうみょうじ》(のちの東大寺)写経所へ払い下げられ、その裏面が事務帳簿の用紙にされた。こうした事務帳簿が正倉院に入ったため、いくつかの国の戸籍がたまたま残ったというわけである。

写経所の人々が適宜切り取って使ったせいか、大宝二年戸籍のほとんどは断片になってしまい、「一里一巻」がそのまま残るものはない。しかし、御野国加毛《かも》郡半布《はにふ(う)》里の戸籍はこの里を構成する五八戸のうち五四戸分が残り、一つのサト(里・五十戸)のほぼ全体像を知ることができる。八世紀初頭のハニフのサトには、現在知られる限り、一一一九人の人々が暮らしていた。このうち一歳・二歳のこども八三人は「八世紀生まれ」であるが、残る一〇三六人はみな「七世紀生まれ」であった。美濃の農村において、本書で述べてきた激動の七世紀史を、彼ら・彼女らはそれぞれに体験してきたのである。

秦人古都《はたひとのこつ》という老人に目を向けてみよう。彼は八六歳、サトの男性の最長老である(女性最長老は九三歳の若帯部母里売《わかたらしべのもりめ》)。誕生したのは推古二五(六一七)年で、その翌年に唐王朝が成立し、五年後に聖徳太子が死去した。推古二二年生まれの中臣鎌足と同世代ということになる。古都が二九歳の時、大化改新が始まった。おそらくそれとともに彼の村はミノ国カモ評の支配下に入り、ハニフの五十戸に編成された。租税や力役も、部民制下とは大きく変わったことであろう。数年ののち、古都は秦人古田売《はたひとのこため》という一八歳年下の女性と結婚し、男の子をもうけた。倭国が大敗した白村江の戦いは四七歳、庚午年籍に登載されたのは五四歳の時のことである。そして美濃をゆるがした壬申の乱の年には五六歳、古都はハニフに残り、戦地に送られた若者たちを心配していたのだろうか。大宝二年戸籍では、ハニフのサトには位階を持った男性が三人おり、六七二年に彼らは二八歳~三〇歳であったから、戦功によって叙位されたのではないかと考えられている。逆に手足の不自由な人々もいて、なかには戦争で負傷した者もいるであろう。やがて世の中は落ち着き、古都は戸主として律令体制の最末端を担い続けた。

御野国戸籍を眺めていると、一人一人の生涯がさまざまに想像される。しかし、具体的なことを知ろうとすると、なかなか確たるイメージが結べない。例えば、秦人古都の戸には一四人の男女がいるが、彼ら・彼女らは何軒の家屋に住む、いくつの家族だったのか。ハニフのサトはおおむね「秦人」を姓とする人々と「県造《あがたのみやつこ》」「県主《あがたぬし》」「県主族《あがたぬしのうから》」を姓とする人々から成るが、「秦人集団」と「県主集団」は同じ村落に住んでいたのか、あるいは別々の村落を形作っていたのか。そして、彼らはどのような生業をもち、日々の暮らしを送っていたのか。一般論であれば、いくつかの有力学説が存在し、言えることも多いが、ハニフのサトに即して物事を考えるとき、またそうした地域史の総体として列島社会の七世紀史をとらえようとするとき、つくづく文献史料の限界を思い知らされる。

ＪＲ高山本線の美濃太田駅で長良川鉄道に乗り換え、関市に向かって三駅目、そこが富加《とみか》駅である。駅から北東に二〇分も歩けば、岐阜県加茂《かも》郡富加町の町役場に着くが、その間の地名を「羽生《はにゅう》」という。すなわち、古代のハニフのサトの故地である。

羽生地区の北には川浦《かわうら》川、南には蜂屋《はちや》川という川が西に流れ、津保《つぼ》川に注いでいる。これら長良川支流が流れる小盆地は、古代においては川浦川・津保川から北が武義《むぎ》郡（牟下評）、南が加茂郡（加毛評）であったと考えられるが、そのなかにいくつの里・五十戸が置かれていたかは判然としない。ただ、羽生地区とその東に接する夕田《ゆうだ》地区は地形的一体性が強く、大化改新以後、ともにハニフのサトに含まれたことは疑いない。

この地域の古代史について、先駆的な研究を行なったのは弥永貞三《いやながていぞう》氏である。彼は歴史地理学の手法によって水田や用水路を分析し、また古墳や遺物散布地から村落の立地を考え、それらを大宝二年戸籍の内容と突き合わせて、ハニフのサトの実像に迫った。今となっては修正すべき点もあるが、弥永氏の研究はまことに魅力的で、読めばきっと現地を歩きたくなるであろう。川浦川上流から二キロにわたって水を引いてくる羽生用水、それによって灌漑される条里水田に関する叙述は、とりわけ印象的である。

その後、富加町役場一帯の発掘調査が進められ、古代村落の遺跡が見つかった（東山浦《ひがしやまうら》遺跡・半布里遺跡）。報告書などによれば、町役場が立地する微高地で一二〇棟もの竪穴住居が検出されている。多くは六世紀末から八世紀末のものである。大宝二年時点でそのうち何棟が建っていたのかはわからないが、ハニフのサトを構成する村落の一つを掘り出したことは間違いない。しかも遺物に「里刀自《さとじ》」（里長《さとおさ》とともにサトを束ねる女性）と書いた須恵器が含まれることからすれば、サトの中核的な村落なのであろう。すぐ東方の低地には条里水田が広がっている。稲田に向かう村人の姿が目に見えるようである。

さらに最近、夕田地区の丘陵にある茶臼山《ちゃうすやま》古墳が美濃でも最古級、三世紀末から四世紀の前方後円墳（あるいは前方後方墳）であることがわかってきた。茶臼山古墳の正面には式内社（『延喜式』に記載された神社）佐久太《さくだ》神社が鎮座する。そういえば、夕田地区の谷間の水田について、弥永氏は開発が古いと見ていた。茶臼山古墳の調査により、開発は古墳時代前期に遡ることも推測される。ハニフのサトの起源と言ってもよかろう。

茶臼山古墳から西方を望むと、谷間の水田、広い条里水田、羽生の微高地を経て、かなたに関市街地が霞んでいる。牟下評家があった弥勒寺遺跡群はその右奥だろうか。はるかな眺望を得たためか、ついつい奔放な想像がふくらんでくる。——県主は三~四世紀の倭国の地方制度であるが、ハニフの県主集団もそのころに遡る可能性が大きい。彼らこそが夕田地区の水田を開発し、神を祭り、前期古墳を築造した人々ではないか。また六世紀ごろ、土木工事などの先進技術をもった渡来人、秦人集団がこの地に移住してきた。彼らが羽生用水を引き、のちに条里が施行される水田を開墾し、半布里遺跡の村落を形成した人々ではなかったか。そして大化改新とともに夕田地区の県主集団、羽生地区の秦人集団を中心としてハニフの五十戸が編成され、律令体制下に至ったのではないだろうか。

思いつきが正しいかどうか、自信は全くない。古代のハニフの歴史は、今後も現地の調査機関と研究者を中心に、考古学・歴史地理学・文献史学が緊密に連係しながら、解明されていくであろう。それはハニフだけでなく、全国各地で続けられていることである。文献史料や有名な遺跡がなくても、それぞれの地域には貴重な文化財が存在する。小さな古墳も、水田地割や水路も、みな古代史のかけがえのない証人なのである。

古墳を訪れていつも思うのは、倭国の七世紀史や律令体制を理解するためには、その前史をなす古墳時代史を十全に知る必要があるということである。大化改新や律令体制は、外的インパクトによってもたらされたものであるが、それが倭国特有のかたちをとったのは、大化前代の政治システムによるところが大きい。本書ではほとんど述べられなかったが、部民制や前方後円墳体制が後代に与えた影響を明らかにすることは、今後の大きな課題である。中央集権化、律令体制の成立といった七世紀史の流れは、どこまでが列島社会の必然であったのか——この難問を解く鍵は六世紀までの歴史にある。

ハニフのサトの北は、一八三頁でふれた大山のサトである。やはり川浦川からせき上げた豊かな用水が田畠をうるおし、七世紀初頭の井高《いだか》一号古墳(方墳)や式内社大山神社など興味深い遺跡・史跡がある。弥勒寺遺跡群もそう遠くなく、富加町郷土資料館や関市円空《えんくう》館などの展示は充実している。七世紀史が身近に感じられる地域として、ぜひ見学をお勧めしたい。

七世紀史はこの半世紀、日本古代史研究の「主戦場」であった。個性あふれる学説が林立し、論争が繰り広げられてきた。考古学的研究の進展も著しい。吉村武彦氏から日本古代史シリーズへの執筆をお誘いいただき、ありがたくお引き受けしたものの、どのように叙述したものか、考えるところは多かった。しかし、吉村氏から問題の立て方、先行学説の扱い方について御指導いただき、他巻の執筆者の方々と楽しく議論するうちに、すべて自説に沿って書かせていただこうと心が定まった。したがって本書の主張、とりわけ大化改新論・近江令論・天武一〇年画期論などは、現時点における学界の通説ではないことをお断わりしておきたい。できることならば、参考文献に挙げた井上光貞・熊谷公男・森公章各氏のすぐれた通史叙述と、読み比べて下さればありがたい。

私は主として文献史料から日本古代史を研究しており、京都大学において師事した岸俊男・鎌田元一両先生の考え方から影響を受けている。本書でできるだけ考古資料を活用しようとしたのも、お二人の薫陶によるところが大きい。それとともに、学部時代に京都大学考古学研究会に所属し、岩倉古窯跡群(京都市)の踏査、三ツ塚廃寺(兵庫県丹波市)や繁昌廃寺(同加西市)の発掘に参加したささやかな経験もベースにある。須恵器や白鳳瓦をいじっていた頃から三〇年、菱田哲郎氏はずっと親しい友人として、考古学に関する御教示を下さってきた。本書についても校正刷りを読んでいただき、叙述の誤りをいくつも正すことができた。

本書でもう一つ留意したのは、アジア、もしくはユーラシア東部という視点である。日本古代史は中国・朝鮮との関係を抜きにして考えることはできず、「東アジア世界」「冊封体制」といった視角からの研究が積み重ねられてきた。ただ、隋・唐の動きは広域のアジア史、ユーラシア史の中で考えたほうがよく、日本古代史もそのほうが理解しやすい。国際関係を扱った部分で、吐蕃や突厥がたびたび登場するのはこのためである。

「東アジア世界」論から抜け出そうと初めて試みたのは、二〇〇二年に書いた『日本の時代史4 平安京』(吉川弘文館)においてであり、その後も模索を続けてきた。そうした過程で、杉山正明先生には本当にお世話になった。御研究の凄さに圧倒され、視野を広げていただいただけではない。先生は外国へ積極的に出ていく道筋を付けて下さり、調査旅行でもたくさんの知恵と知識を授けて下さった。またその一方で、中国史・朝鮮史の重みを忘れるわけにはいかない。本書でも先行研究を参看しつつ、原史料を自分なりに咀嚼した叙述を心がけたが、さすがに不安が残った。そこで同僚の中砂明徳氏・吉井秀夫氏のお二人にお願いして、校正刷りを読んでいただいたところ、思わず赤面するほどたくさんの誤り・問題点を指摘して下さった。日本史学大学院生の本庄総子氏も丁寧に校正刷りを点検して下さった。

このように本書はたくさんの方々の御厚意によって、ようやく形をなしたものである。御教示たまわったことをどれほど活かせたか、まことに心許ないが、今後の研究の糧にさせていただきたいと思う。末筆ながら、心より御礼申し上げる。

二〇一一年三月

吉川真司

岩波新書新赤版一〇〇〇点に際して

ひとつの時代が終わったと言われて久しい。だが、その先にいかなる時代を展望するのか、私たちはその輪郭すら描きえていない。二〇世紀から持ち越した課題の多くは、未だ解決の緒を見つけることのできないままであり、二一世紀が新たに招きよせた問題も少なくない。グローバル資本主義の浸透、憎悪の連鎖、暴力の応酬——世界は混沌として深い不安の只中にある。

現代社会においては変化が常態となり、速さと新しさに絶対的な価値が与えられた。消費社会の深化と情報技術の革命は、種々の境界を無くし、人々の生活やコミュニケーションの様式を根底から変容させてきた。ライフスタイルは多様化し、一面では個人の生き方をそれぞれが選びとる時代が始まっている。同時に、新たな格差が生まれ、様々な次元での亀裂や分断が深まっている。社会や歴史に対する意識が揺らぎ、普遍的な理念に対する根本的な懐疑や、現実を変えることへの無力感がひそかに根を張りつつある。そして生きることに誰もが困難を覚える時代が到来している。

しかし、日常生活のそれぞれの場で、自由と民主主義を獲得し実践することを通じて、私たち自身がそうした閉塞を乗り超え、希望の時代の幕開けを告げてゆくことは不可能ではあるまい。そのために、いま求められていること——それは、個と個の間で開かれた対話を積み重ねながら、人間らしく生きることの条件について一人ひとりが粘り強く思考することではないか。その営みの糧となるものが、教養に外ならないと私たちは考える。歴史とは何か、よく生きるとはいかなることか、世界そして人間はどこへ向かうべきなのか——こうした根源的な問いとの格闘が、文化と知の厚みを作り出し、個人と社会を支える基盤としての教養となった。まさにそのような教養への道案内こそ、岩波新書が創刊以来、追求してきたことである。

岩波新書は、日中戦争下の一九三八年一一月に赤版として創刊された。創刊の辞は、道義の精神に則らない日本の行動を憂慮し、批判的精神と良心的行動の欠如を戒めつつ、現代人の現代的教養を刊行の目的とする、と謳っている。以後、青版、黄版、新赤版と装いを改めながら、合計二五〇〇点余りを世に問うてきた。そして、いままた新赤版が一〇〇〇点を迎えたのを機に、人間の理性と良心への信頼を再確認し、それに裏打ちされた文化を培っていく決意を込めて、新しい装丁のもとに再出発したいと思う。一冊一冊から吹き出す新風が一人でも多くの読者の許に届くこと、そして希望ある時代への想像力を豊かにかき立てることを切に願う。

（二〇〇六年四月）

吉川真司

1960年 奈良県生まれ
1989年 京都大学大学院文学研究科博士後期課程修了
現在―京都大学名誉教授
専攻―日本古代史
著書―『律令官僚制の研究』(塙書房)
『律令体制史研究』(岩波書店)
『天皇の歴史02 聖武天皇と仏都平城京』(講談社)
『日本の時代史5 平安京』(編著，吉川弘文館)
『列島の古代史』(共編著，全8巻，岩波書店)
『古代史をひらく』(共編著，全6冊，岩波書店)

飛鳥の都
シリーズ 日本古代史③　　岩波新書(新赤版)1273

2011年4月20日　第1刷発行
2024年4月15日　第14刷発行

著　者　吉川真司《よしかわしんじ》

発行者　坂本政謙

発行所　株式会社 岩波書店
〒101-8002 東京都千代田区一ツ橋2-5-5
案内 03-5210-4000　営業部 03-5210-4111
https://www.iwanami.co.jp/

新書編集部 03-5210-4054
https://www.iwanami.co.jp/sin/

印刷・理想社　カバー・半七印刷　製本・中永製本

ISBN 978-4-00-431273-4　　Printed in Japan

索　引

あ 行

さ 行

た 行

な 行

は 行

略年表

西暦	和暦	出来事
552	欽明13	10 百済の聖明王より釈迦如来像と仏具・経論を贈られる（仏教公伝）
562	23	• 新羅，大加耶を滅ぼし加耶全域を領有
581	敏達10	• 楊堅（文帝），隋を立てる
583	12	• 突厥東西分裂，東突厥は隋に臣従
587	用明 2	4 用明天皇死去，蘇我馬子，穴穂部皇子を殺す／7 物部守屋を滅ぼす
588	崇峻元	飛鳥寺の建設始まる
589	2	• 隋，中国統一
592	5	11 蘇我馬子，崇峻天皇を暗殺／12 推古天皇，豊浦宮で即位
593	推古元	4 聖徳太子，摂政となる
594	2	2 三宝興隆の詔
595	3	5 慧慈，高句麗より来航
596	4	11 飛鳥寺竣工，慧慈・慧聡住む
598	6	• 隋，高句麗に進攻
600	8	2 新羅に軍隊派遣／初の遣隋使派遣
601	9	2 斑鳩宮，造営開始
602	10	2 来目皇子を将軍に，新羅派遣軍を北九州に集結／10 観勒，百済より来航，暦法等を伝える
603	11	2 来目皇子死去／7 新羅進攻中止／10 豊浦宮から小墾田宮へ遷宮／12 冠位十二階制定
604	12	4 憲法十七条制定
		• 隋，二代皇帝煬帝即位
605	13	10 聖徳太子，斑鳩宮へ
607	15	2 壬生部を定める／7 小野妹子ら遣隋使となり，煬帝に国書を届ける
		• 隋の煬帝，長城地帯を巡幸
608	16	4 隋の裴世清来航／9 遣隋使派遣(高向玄理，南淵請安，僧旻)
609	17	4 飛鳥寺の丈六釈迦像完成（『元興寺縁起』）
610	18	3 曇徴，高句麗より来航
612	20	• 隋の煬帝，高句麗親征開始
614	22	6 犬上御田鍬ら遣隋使となる

618	26	• 隋の煬帝死去／唐の初代皇帝高祖即位
620	28	「天皇記」「国記」編纂
622	30	2 聖徳太子死去(法隆寺釈迦三尊像光背銘)
623	31	7 新羅使来航，「大唐学問者僧」帰国(薬師恵日・倭漢直福因ら)
624	32	• 唐，高句麗王を遼東郡王，百済王を帯方郡王，新羅王を楽浪郡王にそれぞれ冊封
626	34	5 蘇我馬子死去
		• 唐の太宗即位
628	36	3 推古天皇死去
		• 唐の太宗，中国統一
629	舒明元	1 舒明天皇即位
630	2	8 初の遣唐使派遣(犬上御田鍬・薬師恵日)／10 飛鳥岡本宮に遷宮
		• 唐，東突厥を滅ぼす
631	3	• 唐，高句麗に使者／高句麗，唐進攻に備え長城建設開始
632	4	10 唐使の高表仁，難波津に到着，犬上御田鍬・僧旻・霊雲ら帰国
635	7	• 唐，吐谷渾を降す
636	8	8 飛鳥岡本宮焼亡，田中宮へ遷宮
639	11	7 百済宮・百済大寺造営に着手／9 学問僧恵隠・恵雲ら帰国
640	12	10 南淵請安・高向玄理ら帰国／百済宮へ遷宮
		• 唐，高昌を滅ぼす
641	13	10 舒明天皇死去
642	皇極元	1 皇極天皇即位／9 越の蝦夷数千人，倭の支配下に
		• 百済の義慈王，新羅に進攻，旧加耶地域占領／高句麗にてクーデター／新羅，高句麗に援軍を請う
643	2	4 飛鳥岡本宮の跡地に飛鳥板蓋宮竣工／11 蘇我入鹿，斑鳩宮を急襲，上宮王家滅亡
		• 百済の義慈王，扶余豊らを倭へ送る／新羅，唐に援軍を請う
645	大化元	6 蘇我入鹿暗殺，蝦夷自殺，蘇我本宗家滅亡，皇極天皇退位，孝徳天皇即位(乙巳の変)／8 東国国司任命，「鐘匱の制」実施，造寺援助の詔／12 難波を王都に
		• 唐，高句麗に総攻撃開始／新羅，唐依存派の毗曇

		が実権を握る
646	2	1「大化改新詔」発布とされる(『書紀』)/3 大化薄葬令/8 部民廃止の詔/道登, 宇治橋を架ける
647	3	難波小郡宮竣工, 本格的に遷都/礼法制定/十三階冠位制施行/渟足柵設置 • 新羅, 金春秋ら毗曇を滅ぼして真徳王を擁立
648	4	磐舟柵設置
649	5	2 十九階冠位制施行,「八省百官」設置/3 阿倍内麻呂死去, 蘇我倉山田石川麻呂自殺/全国に評を設置(天下立評)/難波に新宮建設開始 • 唐の太宗死去, 高宗即位
651	白雉 2	• 唐の高宗, 百済・高句麗に新羅との和平を命令/西突厥, 唐の支配を打ち破る
652	3	4 恵隠, 内裏で無量寿経を講説/9 難波長柄豊碕宮完成 • 百済と高句麗, 新羅に進攻, 唐, 援軍を送る
653	4	5 遣唐使派遣, 道昭入唐し, のち玄奘三蔵に師事/中大兄皇子ら, 孝徳天皇を難波宮に残し, 飛鳥へ移る
654	5	2 遣唐使派遣(高向玄理ら)/10 孝徳天皇死去
655	斉明元	1 斉明天皇即位/飛鳥板蓋宮全焼, 飛鳥川原宮へ遷宮
656	2	後飛鳥岡本宮竣工, 遷宮
657	3	• 唐の高宗, 西突厥を破る
658	4	4 第一次北征, 蝦夷を帰順させる/11 有間皇子, 謀反のかどで殺される • 唐, 高句麗へ派兵
659	5	3 第二次北征/7 遣唐使派遣
660	6	3 第三次北征/5 中大兄, 漏刻を設置/9 百済滅亡を知る/10 百済使, 救援と扶余豊帰国を要請 • 唐と新羅, 百済に進攻, 百済滅亡
661	7	1 斉明天皇, 百済救援のため北九州へ遠征出発/4 百済より使者, 百済王子の扶余豊帰国/7 斉明天皇死去, 中大兄皇子称制/8 第一次進攻軍を百済に送る/10 中大兄, 飛鳥へ戻る, 飛鳥川原にて斉明の殯/道昭帰国 • 唐の蘇定方, 高句麗軍を撃破
662	天智元	• 唐の蘇定方, 高句麗に大敗/唐の劉仁願ら百済を攻撃
663	2	3 第二次進攻軍を送る/6 百済王権内部にてクーデター/8 唐と新羅の軍, 百済の周留城を包囲, 救援に向かった倭の水軍, 唐水軍に大敗(白村江の戦い)

664	3	2 二十六階冠位制，氏上制，民部・家部の制を施行(甲子の宣)／5 唐の使者郭務悰「将軍牒書」を持って来航／対馬・壱岐・北九州に防人を配備
665	4	8 大宰府周辺に朝鮮式山城造営／9 唐の高宗の勅使，劉徳高来航／遣唐使派遣
		• 新羅と百済，和親
666	5	• 高句麗王朝にて内紛
667	6	3 近江大津宮に遷都
		• 唐と新羅の連合軍，高句麗へ
668	7	1 天智天皇即位／5 百済大寺に丈六釈迦如来像を施入
		• 高句麗滅亡
669	8	9 新羅使来航／10 藤原鎌足死去／遣唐使派遣
670	9	2 庚午年籍作成
		• 高句麗の遺民反乱，新羅が支援／新羅，百済旧領へ進攻／吐蕃，唐の西方領へ進攻
671	10	1 冠位・法度の事(近江令)施行，太政官制開始，唐使来航／6 新羅使来航／9 天智天皇病に，後継者は大友皇子となる／10 大海人皇子，吉野へ／11 唐の使者郭務悰来航，新羅へ出兵要請か／12 天智天皇死去
		• 新羅，百済を制圧
672	天武元	6 大海人皇子兵をおこす(壬申の乱)／7 近江朝廷軍大敗，大友皇子自殺／9 大海人皇子，後飛鳥岡本宮へ／新宮(飛鳥浄御原宮)建設開始
		• 唐と新羅の戦い激化
673	2	1 天武天皇即位，鸕野皇女皇后に／12 百済大寺を高市へ移す／川原寺に五百戸の封戸施入
675	4	2 部曲廃止の詔
		• 新羅，唐に勝利
676	5	4 封戸制改訂／11 全国で金光明経・仁王経の講説
		• 唐，安東都護府を平壌から移転，新羅，実質的に半島統一／吐蕃，青海および西域へ進軍
678	7	• 唐，新羅進攻を断念
679	8	5 吉野宮で誓約，草壁皇子の地位固まる
		• 突厥の反乱
680	9	4 国大寺以外の造寺援助打ち切り／5 宮中で金光明経講説，京内二十四寺に布施

681	10	1 諸国の神社修理を指令／2 律令改定の詔(浄御原令編纂開始)，草壁皇子を皇太子に／3 「帝紀」「旧辞」などの筆録・編修(のちの『日本書紀』)開始の詔／4 「禁式九十二条」制定，服制など改まる
682	11	3 『新字』編纂の開始／8 礼儀と言語に関する詔／新城(藤原京)造営開始
683	12	12 難波京を陪都に指定
684	13	3 天武，のちの藤原京予定地巡行／10 八色の姓制定 • 新羅，高句麗を吸収
685	14	1 四十八階冠位制施行／10 信濃に行宮造営
686	朱鳥元	1 難波宮焼失／7 年号を「朱鳥」と改める／9 天武天皇死去／10 大津皇子謀反事件
688	持統 2	11 天武天皇埋葬
689	3	4 草壁皇子死去／6 浄御原令を諸司に配布／閏8 庚寅年籍作成開始
690	4	1 持統天皇即位／7 浄御原令官制施行／11 元嘉暦と儀鳳暦の並用開始 • 唐，武則天即位，国号を周とする
694	8	12 藤原宮に遷宮
696	10	7 高市皇子死去 • 契丹の李尽忠が反乱
697	文武元	2 珂瑠皇子，皇太子に／8 持統天皇譲位，太上天皇に，文武天皇即位
698	2	• 渤海の建国
700	4	3 大宝律撰定開始，道昭死去
701	大宝元	8 大宝律令完成

参考文献

全体を通じて

井上光貞『飛鳥の朝廷』講談社学術文庫，2004
大脇潔『日本の古寺美術 14　飛鳥の寺』保育社，1989
熊谷公男『日本の歴史 03　大王から天皇へ』講談社学術文庫，2008
杉山正明『遊牧民から見た世界史』日経ビジネス人文庫，2003
武田幸男編『新版世界各国史 2　朝鮮史』山川出版社，2000
礪波護・武田幸男『世界の歴史 6　隋唐帝国と古代朝鮮』中公文庫，2008
林部均『飛鳥の宮と藤原京』歴史文化ライブラリー 249，吉川弘文館，2008
菱田哲郎『古代日本　国家形成の考古学』京都大学学術出版会，2007
松丸道雄他編『世界歴史大系　中国史 2』山川出版社，1996
森公章編『日本の時代史 3　倭国から日本へ』吉川弘文館，2002
森安孝夫『興亡の世界史 05　シルクロードと唐帝国』講談社，2007
吉川真司「律令体制の形成」『日本史講座 1』東京大学出版会，2004
吉川真司「律令体制の展開と列島社会」『列島の古代史 8』岩波書店，2006
吉川真司『天皇の歴史 02　聖武天皇と仏都平城京』講談社，2011

はじめに

鈴木景二「飛鳥寺西の槻の位置について」『古代中世史の探究』法藏館，2007
和田萃『飛鳥』岩波新書，2003

第 1 章

麻木脩平「野中寺弥勒菩薩半跏像の制作時期と台座銘文」『仏教芸術』256，2001
井上和人『古代都城制条里制の実証的研究』学生社，2004
上原真人『日本の美術 359　蓮華紋』至文堂，1996
大橋一章『天寿国繡帳の研究』吉川弘文館，1995
大脇潔「飛鳥時代初期の同笵軒丸瓦」『古代』97，1996
小澤毅『日本古代宮都構造の研究』青木書店，2003

参考文献

狩野久『日本古代の国家と都城』東京大学出版会, 1990
鎌田元一『律令公民制の研究』塙書房, 2001
川尻秋生「寺院と知識」『列島の古代史 3』岩波書店, 2005
岸俊男『日本古代政治史研究』塙書房, 1966
岸俊男『日本古代宮都の研究』岩波書店, 1988
鬼頭清明『白村江——東アジアの動乱と日本』教育社, 1981
倉本一宏『日本古代国家成立期の政権構造』吉川弘文館, 1997
河内祥輔『古代政治史における天皇制の論理』吉川弘文館, 1986
佐伯有清編訳『三国史記倭人伝』岩波文庫, 1988
鈴木靖民編『古代東アジアの仏教と王権——王興寺から飛鳥寺へ』勉誠出版, 2010
関晃『関晃著作集 2　大化改新の研究　下』吉川弘文館, 1996
薗田香融「国家仏教と社会生活」『岩波講座日本歴史 4』岩波書店, 1976
薗田香融『日本古代財政史の研究』塙書房, 1981
東野治之『日本古代金石文の研究』岩波書店, 2004
虎尾達哉『日本古代の参議制』吉川弘文館, 1998
奈良国立文化財研究所『飛鳥寺発掘調査報告』1958
奈良国立文化財研究所飛鳥資料館編『飛鳥寺』1986
奈良文化財研究所『吉備池廃寺発掘調査報告』2003
西本昌弘『日本古代儀礼成立史の研究』塙書房, 1997
仁藤敦史『古代王権と都城』吉川弘文館, 1998
林部均『古代宮都形成過程の研究』青木書店, 2001
菱田哲郎「畿内の初期瓦生産と工人の動向」『史林』69-3, 1986
平林章仁『七世紀の古代史——王宮・クラ・寺院』白水社, 2002
本郷真紹編『日本の名僧 1　和国の教主　聖徳太子』吉川弘文館, 2004
黛弘道『律令国家成立史の研究』吉川弘文館, 1982
山尾幸久『古代の日朝関係』塙書房, 1989
吉川真司「飛鳥池木簡の再検討」『木簡研究』23, 2001
吉村武彦『日本古代の社会と国家』岩波書店, 1996
吉村武彦『聖徳太子』岩波新書, 2002
李成市『古代東アジアの民族と国家』岩波書店, 1998

第 2 章
池内宏『満鮮史研究　上世篇二』吉川弘文館, 1960

市大樹『飛鳥藤原木簡の研究』塙書房，2010
井上光貞『日本古代国家の研究』岩波書店，1965
今泉隆雄『古代宮都の研究』吉川弘文館，1993
今泉隆雄「古代国家と郡山遺跡」『郡山遺跡発掘調査報告書　総括編1』仙台市教育委員会，2005
植木久『日本の遺跡 37　難波宮跡』同成社，2009
小澤毅『日本古代宮都構造の研究』(前掲)
鎌田元一『律令公民制の研究』(前掲)
鎌田元一『律令国家史の研究』塙書房，2008
上川通夫『日本中世仏教形成史論』校倉書房，2007
岸俊男『日本古代籍帳の研究』塙書房，1973
熊谷公男『古代の蝦夷と城柵』歴史文化ライブラリー 178，吉川弘文館，2004
鈴木靖民「七世紀東アジアの争乱と変革」『新版古代の日本 2』角川書店，1992
薗田香融「わが国における内道場の起源」『仏教の歴史と文化』同朋舎出版，1980
薗田香融「郡稲の起源」『日本政治社会史研究　中』塙書房，1984
東野治之『長屋王家木簡の研究』塙書房，1996
虎尾達哉『日本古代の参議制』(前掲)
中尾芳治『難波宮の研究』吉川弘文館，1995
奈良県立橿原考古学研究所編『飛鳥京跡苑池遺構調査概報』学生社，2002
西本昌弘「豊璋と翹岐——大化改新前夜の倭国と百済」『ヒストリア』107，1985
林部均『古代宮都形成過程の研究』(前掲)
原秀三郎『日本古代国家史研究——大化改新論批判』東京大学出版会，1980
原秀三郎「大化改新と難波宮」『難波京と古代の大阪』学生社，1985
黛弘道『律令国家成立史の研究』(前掲)
吉川真司「常布と調庸制」『史林』67-4，1984
吉川真司「難波長柄豊碕宮の歴史的位置」『日本国家の史的特質　古代・中世』思文閣出版，1997
吉川真司「王宮と官人社会」『列島の古代史 3』岩波書店，2005
吉村武彦・山路直充編『房総と古代王権——東国と文字の世界』高志書院，2009

第3章

青木和夫『日本律令国家論攷』岩波書店，1992
浅野啓介「庚午年籍と五十戸制」『日本歴史』698，2006
石上英一『古代荘園史料の基礎的研究　上』塙書房，1997
井上光貞『日本古代史の諸問題——大化前代の国家と社会』思索社，1949（新版 1972）
井上光貞「大化改新と東アジア」『岩波講座日本歴史 2』岩波書店，1975
井上光貞『日本古代思想史の研究』岩波書店，1982
茨木市・茨木市教育委員会編『茨木市制 60 周年記念事業文化財シンポジウム　藤原鎌足と阿武山古墳』2009
荊木美行『律令官制成立史の研究』国書刊行会，1995
上原真人『歴史発掘 11　瓦を読む』講談社，1997
大橋一章『奈良美術成立史論』中央公論美術出版，2009
大山誠一『古代国家と大化改新』吉川弘文館，1988
小澤毅『日本古代宮都構造の研究』（前掲）
鬼頭清明『白村江』（前掲）
倉本一宏『戦争の日本史 2　壬申の乱』吉川弘文館，2007
河内祥輔『古代政治史における天皇制の論理』（前掲）
坂本太郎『大化改新の研究』至文堂，1938
佐久間竜『日本古代僧伝の研究』吉川弘文館，1983
太宰府市史編集委員会編『太宰府市史　通史編 I』太宰府市，2005
田中卓「天智天皇と近江令」『田中卓著作集 6　律令制の諸問題』国書刊行会，1986
東野治之『書の古代史』岩波書店，1994
奈良国立文化財研究所『川原寺発掘調査報告』1960
奈良文化財研究所『川原寺寺域北限の調査——飛鳥藤原第 119-5 次発掘調査報告』2004
南部曻『日本古代戸籍の研究』吉川弘文館，1992
八賀晋「地方寺院の成立と歴史的背景——美濃の川原寺式瓦の分布」『考古学研究』20-1，1973
林博通『大津京跡の研究』思文閣出版，2001
林部均『古代宮都形成過程の研究』（前掲）
平野邦雄『大化前代政治過程の研究』吉川弘文館，1985
向井一雄「古代山城論」『古代文化』62-2，2010

吉川真司『律令官僚制の研究』塙書房，1998
吉川真司「飛鳥池木簡の再検討」(前掲)
吉川真司「七世紀宮都史研究の課題」『日本史研究』507，2004
吉川真司「近江京・平安京と山科」『皇太后の山寺』柳原出版，2007
若井敏明「七・八世紀における宮廷と寺院」『ヒストリア』137，1992

第4章

井上和人『古代都城制条里制の実証的研究』(前掲)
井上信正「大宰府条坊区画の成立」『考古学ジャーナル』588，2009
井上光貞『日本古代思想史の研究』(前掲)
小澤毅『日本古代宮都構造の研究』(前掲)
鎌田元一『律令国家史の研究』(前掲)
川越俊一「藤原京条坊年代考」『奈良国立文化財研究所研究論集』XI，2000
岸俊男『日本古代宮都の研究』(前掲)
木下正史・佐藤信編『古代の都1　飛鳥から藤原京へ』吉川弘文館，2010
岐阜県編『岐阜県史　通史編古代』岐阜県，1971
熊谷公男「天武政権の律令官人化政策」『日本古代史研究』吉川弘文館，1980
坂本太郎『六国史』吉川弘文館，1970
佐藤長『古代チベット史研究』東洋史研究会，1958–59
高橋照彦「「律令的土器様式」再考」『瓦衣千年』真陽社，1999
竹内亮「木簡に記された暦」『木簡研究』26，2004
田中弘志『律令体制を支えた地方官衙・弥勒寺遺跡群』新泉社，2008
藤堂かほる「天智陵の営造と律令国家の先帝意識――山科陵の位置と文武三年の修陵をめぐって」『日本歴史』602，1998
奈良文化財研究所編『評制下荷札木簡集成』奈良文化財研究所，2006
西弘海『土器様式の成立とその背景』真陽社，1986
野村忠夫『律令官人制の研究』吉川弘文館，1967(増訂版1978)
橋本義則「「藤原京」造営試考」『奈良国立文化財研究所研究論集』XI，2000
林部均『古代宮都形成過程の研究』(前掲)
東村純子「古代日本の紡織体制」『史林』87–5，2004
古畑徹「七世紀末から八世紀初にかけての新羅・唐関係」『朝鮮学報』107，1983

参考文献

水谷千秋『女帝と譲位の古代史』文藝春秋，2003
護雅夫『古代遊牧帝国』中央公論社，1976
森安孝夫「吐蕃の中央アジア進出」『金沢大学文学部論集　史学科篇』4，1984
山中敏史『古代地方官衙遺跡の研究』塙書房，1994
吉川真司「税の貢進」『文字と古代日本 3　流通と文字』吉川弘文館，2005
李成市「新羅文武・神文王代の集権政策と骨品制」『日本史研究』500，2004
和田萃『日本古代の儀礼と祭祀・信仰　上』塙書房，1995

おわりに
弥永貞三『日本古代社会経済史研究』岩波書店，1980
新川登亀男・早川万年編『美濃国戸籍の総合的研究』東京堂出版，2003
富加町史編集委員会『富加町史　下巻通史編』岐阜県加茂郡富加町，1980
富加町文化財審議会編『とみかの文化財』富加町教育委員会，2010

図版出典一覧

図 1-1：奈良文化財研究所編『飛鳥・藤原京展――古代律令国家の創造』朝日新聞社，2002 を参考に作成
図 1-2：前掲『飛鳥・藤原京展』，一部改変
図 1-3：吉田孝『歴史のなかの天皇』岩波新書，2006，一部改変
図 1-4：武田幸男編『新版世界各国史 2　朝鮮史』山川出版社，2000，一部改変
図 1-5：岸俊男『日本の古代宮都』岩波書店，1993
図 1-6：本郷真紹編『日本の名僧 1　和国の教主　聖徳太子』吉川弘文館，2004 を参考に作成
図 1-7：薗田香融『日本古代財政史の研究』塙書房，1981 を参考に作成
図 1-8：写真提供＝奈良文化財研究所
図 2-1：写真提供＝奈良文化財研究所
図 2-2：写真提供＝奈良文化財研究所
図 2-3：虎尾達哉『日本古代の参議制』吉川弘文館，1998，一部改変
図 2-4：上・植木久『日本の遺跡 37　難波宮跡』同成社，2009，一部改変／下・著者作成
図 2-5：写真提供＝千葉県栄町教育委員会
図 2-6：林部均『飛鳥の宮と藤原京』歴史文化ライブラリー 249，吉川弘文館，2008，一部改変
図 2-7：写真提供＝奈良文化財研究所
図 2-8：写真提供＝明日香村教育委員会
図 3-1：前掲『飛鳥・藤原京展』，一部改変
図 3-2：林博通『大津京跡の研究』思文閣出版，2001，一部改変
図 3-3：『週刊朝日百科　日本の歴史 45　古代 1』朝日新聞社，1987，鎌田元一による図を参考に作成
図 3-4：写真提供＝奈良県立橿原考古学研究所
図 3-5：写真提供＝奈良文化財研究所
図 3-6：写真提供＝明日香村教育委員会
図 3-7：写真提供＝財団法人大阪市博物館協会大阪文化財研究所
図 4-1：吉川真司『天皇の歴史 02　聖武天皇と仏都平城京』講談社，2011

図版出典一覧

図 4-2：林部均『古代宮都形成過程の研究』青木書店，2001
図 4-3：前掲『歴史のなかの天皇』，一部改変
図 4-4：前掲『飛鳥・藤原京展』
図 4-5：小澤毅『日本古代宮都構造の研究』青木書店，2003
図 4-6：小澤毅「藤原京の成立」『古代の都 1　飛鳥から藤原京へ』吉川弘文館，2010，一部改変
図 4-7：坂井秀弥「国府と郡家」『列島の古代史 3』岩波書店，2005（原図は田中弘志「日本の遺跡　岐阜県弥勒寺遺跡群」『考古学研究』197），一部改変